前　言

Foreword

现代社会中，汽车已不仅是代步工具，而且具有娱乐、办公和通信等多种功能。伴随汽车工业与电子信息产业加速融合，汽车开始向电子化、多媒体化和智能化方向发展，由以机械产品为主向高级机电一体化产品方向演变，电子装置占汽车整车价值量的比例逐步提高。为此，我们利用上海景格汽车科技有限公司在汽车技术和三维动画软件开发方面的优势，结合维修、教学的实践，以国内比较先进、技术含量较高的一汽丰田卡罗拉轿车为主要实例，特编绘了此图册。本书注重汽车电器设备的完整性，在保留基本内容的基础上，十分注意新的发展趋势，介绍了一些新的、实用的电器设备，如氙气灯、主动转向大灯、辅助泊车系统等。

本图册图片清晰逼真、文字精练、通俗易懂。可作为汽车专业多媒体教学的配套教材，也可作为汽车维修工的培训教材，还可供汽车驾驶员和汽车爱好者学习参考。

本图册由上海景格汽车科技有限公司组织编绘，上海交通大学汽车工程研究院的黄宏成、何维廉担任主编，上海景格汽车科技有限公司的王德成、姜华荣担任副主编。参加本图册编写的还有上海景格软件开发有限公司的郑金忠、郑玉宇等同志。

本图册在编绘过程中，得到一些院校和维修企业的大力支持和协助，并参考了一些著作，在此表示诚挚的感谢。由于编者水平有限，经验不足，加之时间仓促，书中难免有错误和疏漏之处，恳请广大读者批评指正。

编　者

汽车电器系统

原理与检修彩色图册

上海景格汽车科技有限公司　编
黄宏成　何维廉　主编

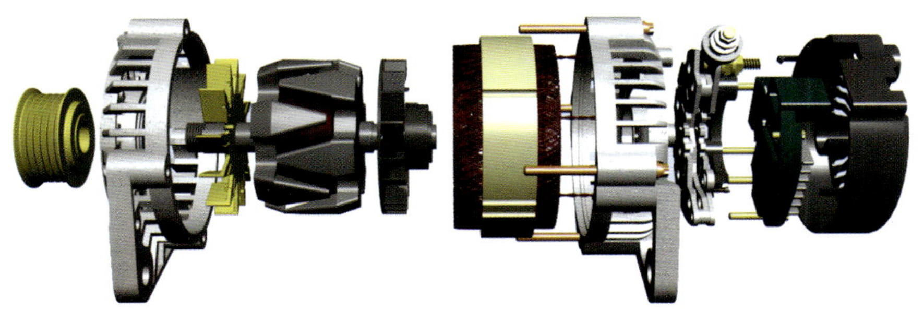

人民交通出版社

内 容 提 要

本图册以一汽丰田卡罗拉轿车为例，全面介绍了汽车充电起动系统、照明信号系统、娱乐舒适系统及防盗安全系统的结构组成、工作原理和故障检测方法。本图册可作为汽车专业多媒体教学的配套教材，也可作为汽车维修工的培训教材，还可供汽车驾驶员和汽车爱好者学习参考。

图书在版编目（CIP）数据

汽车电器系统原理与检修彩色图册 / 黄宏成，何维廉主编；上海景格汽车科技有限公司编. —北京：人民交通出版社，2009. 4

ISBN 978-7-114-07668-8

Ⅰ. 汽… Ⅱ. ①黄…②何…③上…Ⅲ. ①汽车－电气设备－理论－图集②汽车－电子设备－车辆修理－图集 Ⅳ. U463. 6-64

中国版本图书馆 CIP 数据核字（2009）第 037925 号

书　　名：汽车电器系统原理与检修彩色图册
著 作 者：上海景格汽车科技有限公司
黄宏成　何维廉
责任编辑：翁志新
设计制作：文思莱
出版发行：人民交通出版社
地　　址：(100011)北京市朝阳区安定门外外馆斜街3号
网　　址：http://www.ccpress.com.cn
销售电话：(010)59757969,59757973
总 经 销：北京中交盛世书刊有限公司
经　　销：各地新华书店
印　　刷：中国电影出版社印刷厂
开　　本：889 × 1194　1/16
印　　张：6.75
字　　数：190 千
版　　次：2009 年 4 月第 1 版
印　　次：2009 年 4 月第 1 次印刷
书　　号：ISBN 978-7-114-07668-8
印　　数：0001～4000 册
定　　价：30.00元

目 录

Contents

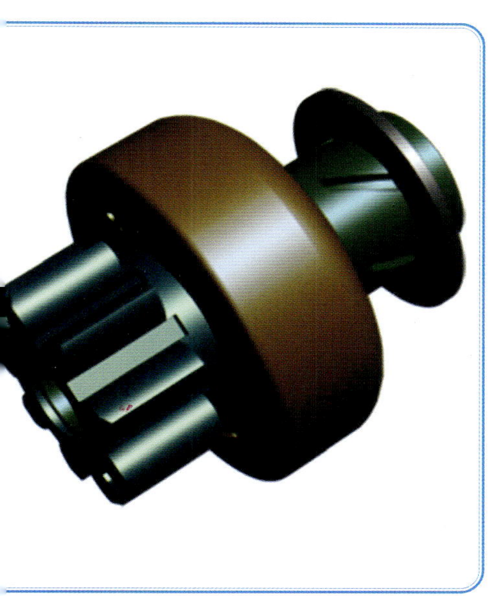

目 录

Contents

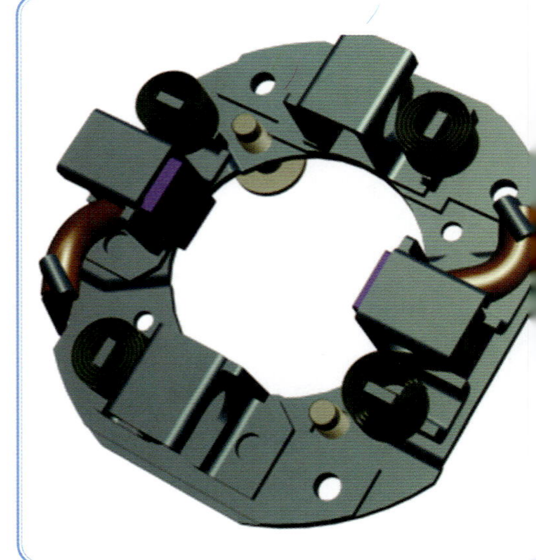

目　录

Contents

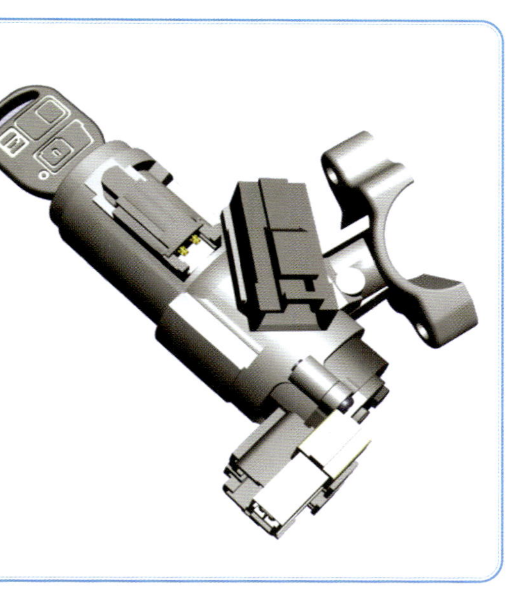

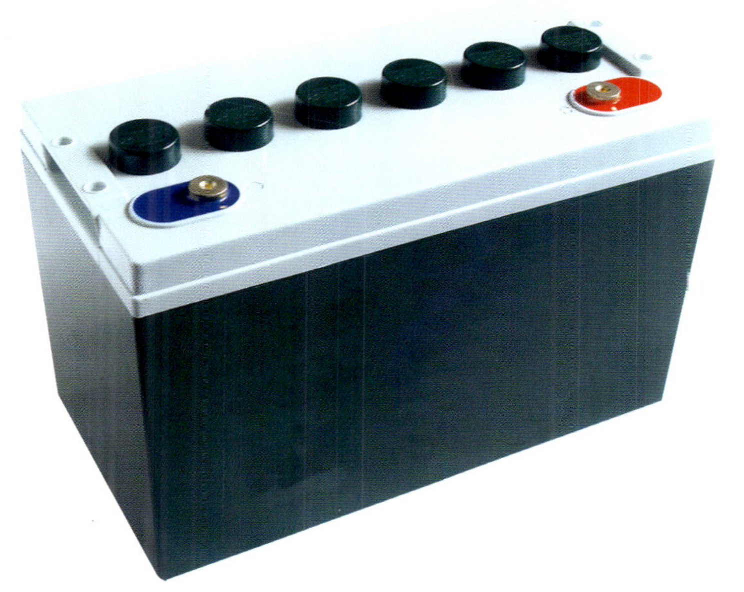

蓄电池作为汽车电源之一，其主要功能是储备电能，迅速提供足够的电力起动发动机，故也称为“起动型蓄电池”。充电时，电能转化为化学能；放电时，化学能又转化为电能。考虑价格和能源密度因素，铅酸蓄电池是汽车的最佳选择。

蓄电池结构图

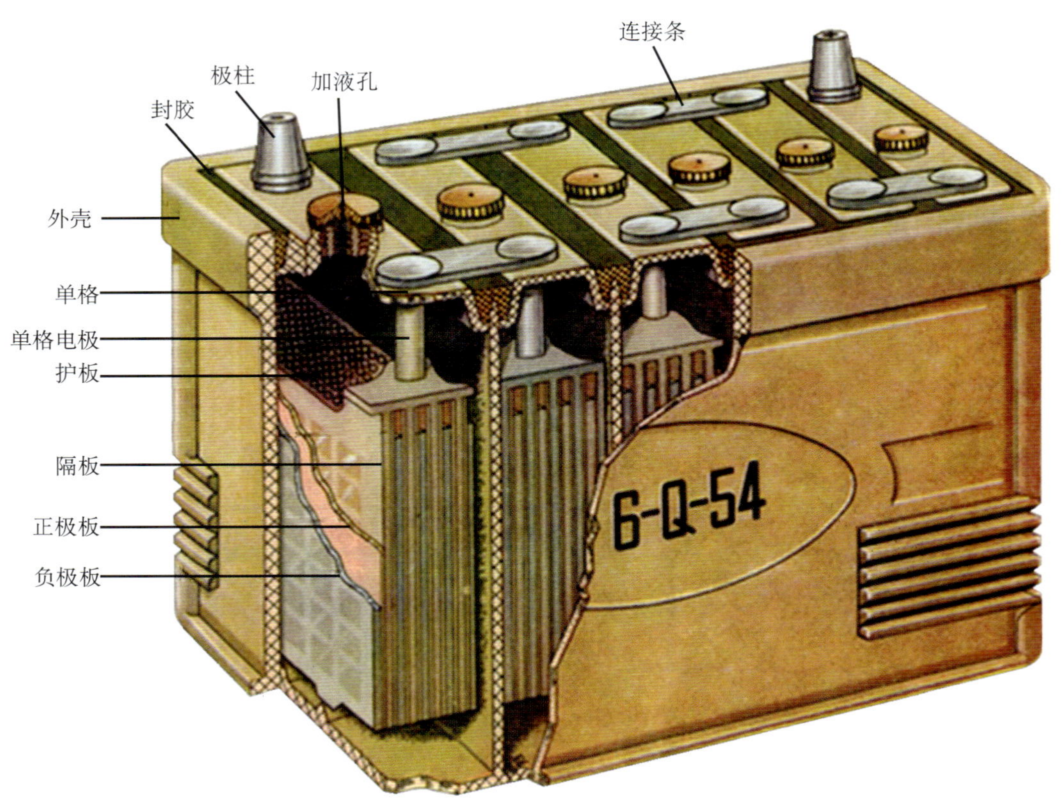

正极板（PbO_2）和负极板（Pb）放入电解液（H_2SO_4）中能产生约2V的电压，每个单格电池由多片正负极板并联组成，6个单格电池串联成12V的铅酸蓄电池。

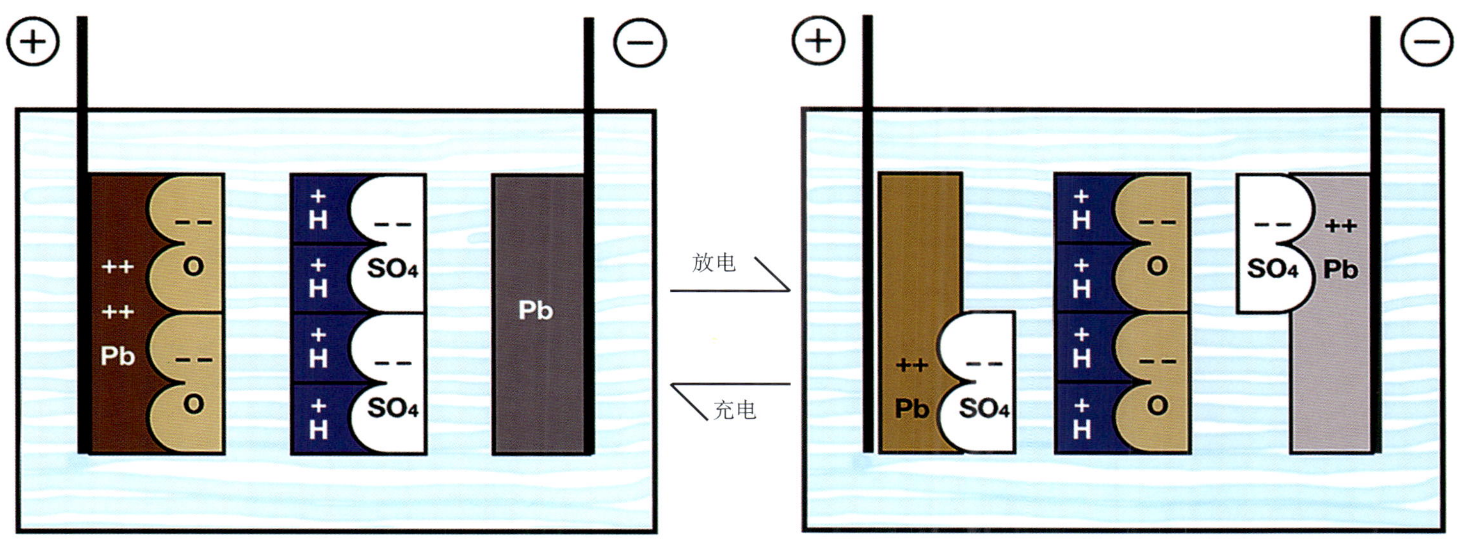

蓄电池放电时，金属铅（P_b）是负极，发生氧化反应，被氧化为硫酸铅；二氧化铅（P_bO_2）是正极，发生还原反应，被还原为硫酸铅。蓄电池在用直流电充电时，两极分别生成铅和二氧化铅，移去电源后，它又恢复到放电前的状态，组成化学电池。

蓄电池充放电的公式是：$P_bO_2+P_b+2H_2SO_4 \Longleftrightarrow 2P_bSO_4+2H_2O$

免维护铅酸蓄电池图

免维护铅酸蓄电池外形

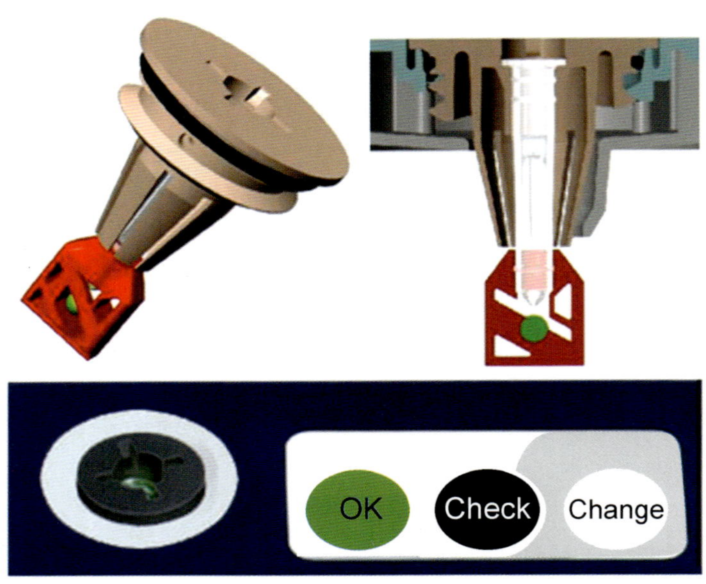

观察孔

近年来，密封的免维护蓄电池得到普遍应用，其可靠性好，使用寿命长。观察孔是免维护蓄电池的状态指示器，绿色为电量充足；黑色为电量不足，需进行补充充电；白色或淡黄色表示需更换蓄电池。

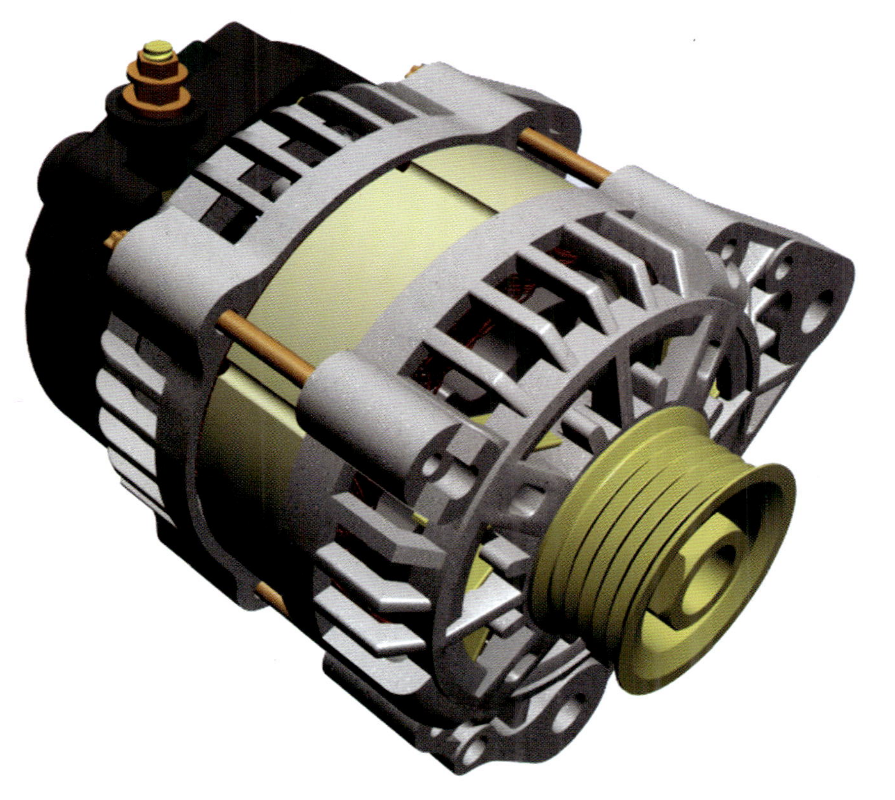

交流发电机是汽车电系的主要电源，由发动机驱动。汽车正常行驶时，交流发电机对除起动机以外的所有用电设备供电，并向蓄电池补充充电。交流发电机有三个功能：发电、整流和调节电压。

交流发电机结构图

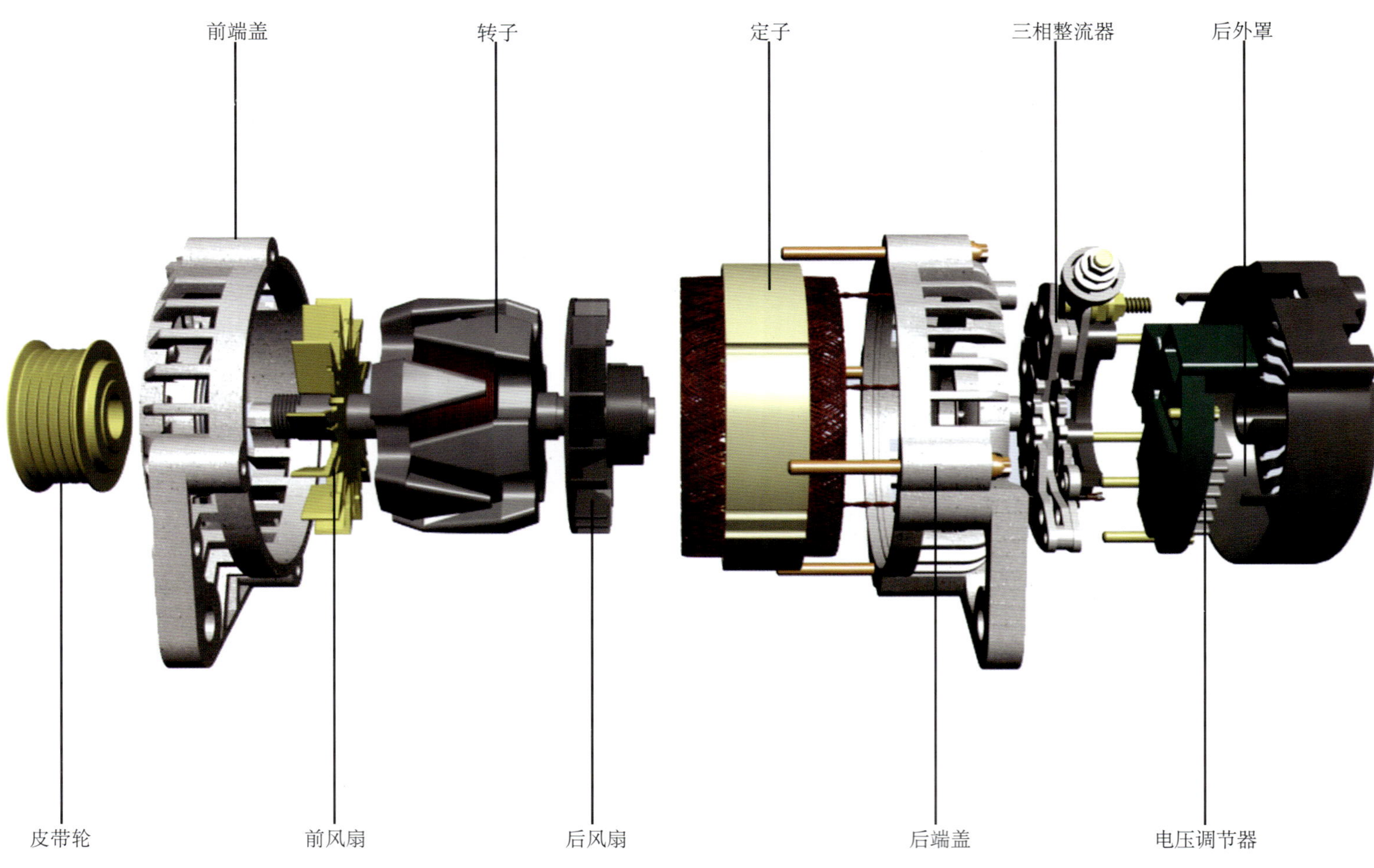

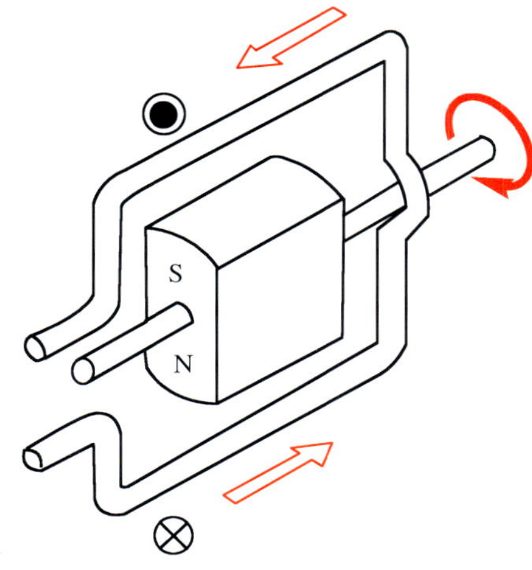

（1）当磁体在线圈内旋转时，线圈的两端会产生电压，形成交流电流。

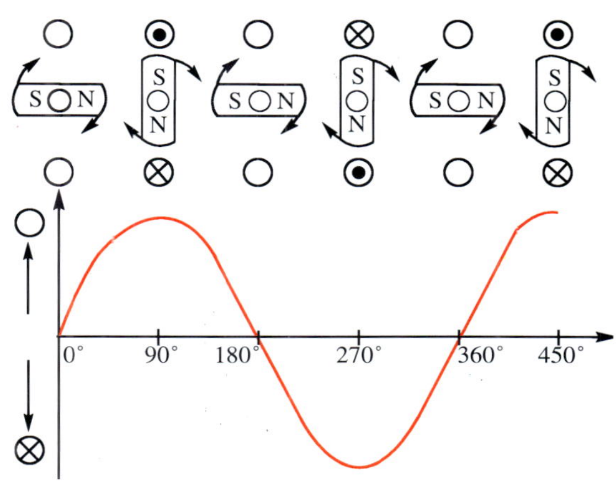

（2）当磁体的 N 极和 S 极靠线圈最近时，产生的电流量最大。然而，磁体每转半圈，电流流向反方向，形成单相交流电流。

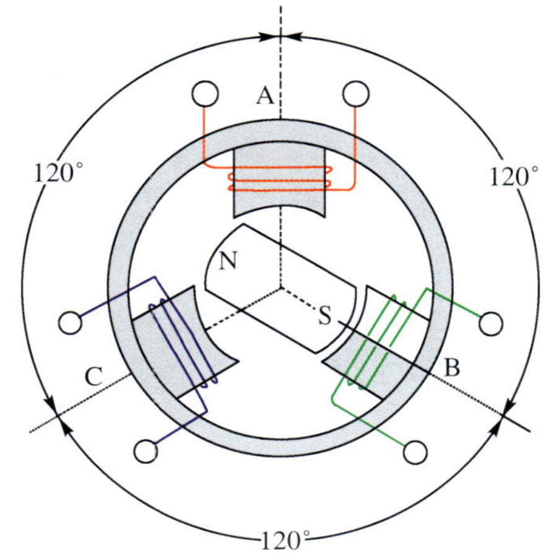

（3）为了更有效地发电，汽车发电机使用三个线圈。

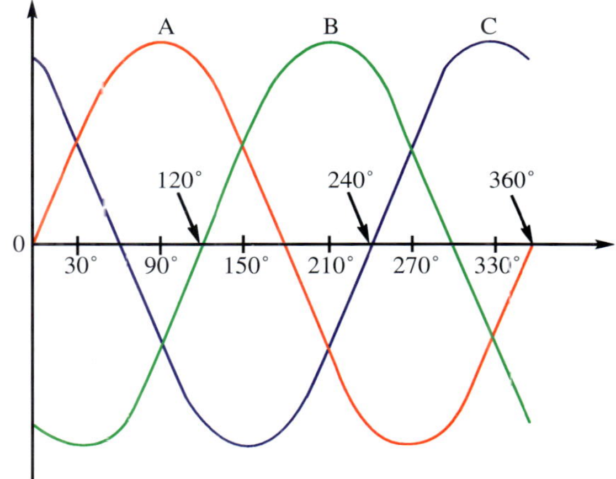

（4）线圈 A、B、C 隔 120° 分开，当磁体在其中旋转时，在各线圈中均产生交流电，是三相交流电。

转子结构图

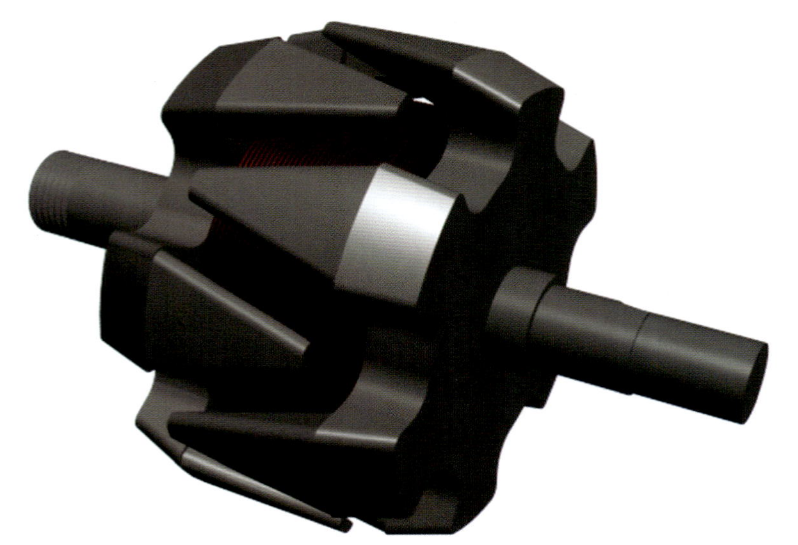

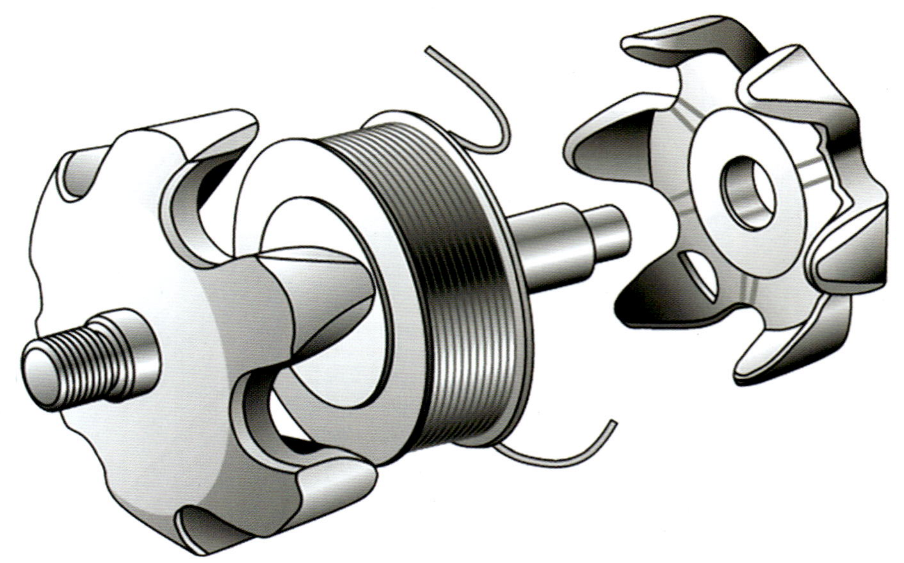

转子是在定子线圈内部的一个转动磁体，由爪极、励磁绕组、轴和滑环组成，直流电通过炭刷、滑环流入励磁绕组产生磁场，把爪极磁化成N、S极。

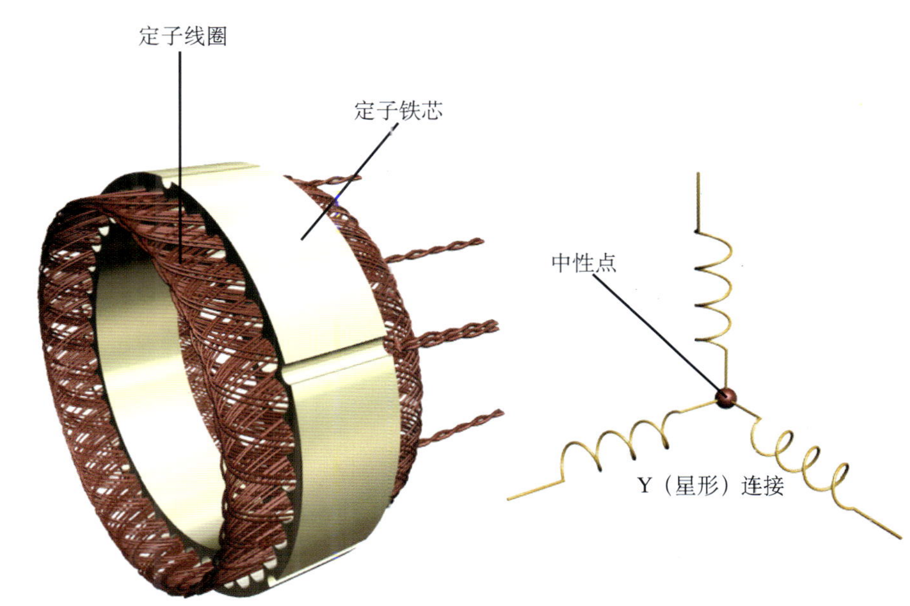

定子由定子铁芯和定子线圈组成，转子旋转，磁通量发生变化，定子产生三相交流电。定子槽内有三相对称绕组，作星形连接，共同连接点称为“中性点”。

整流原理图

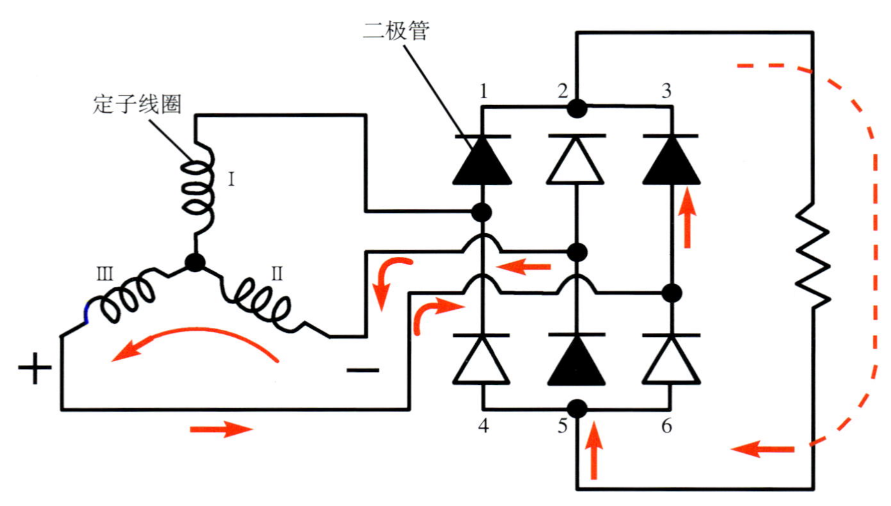

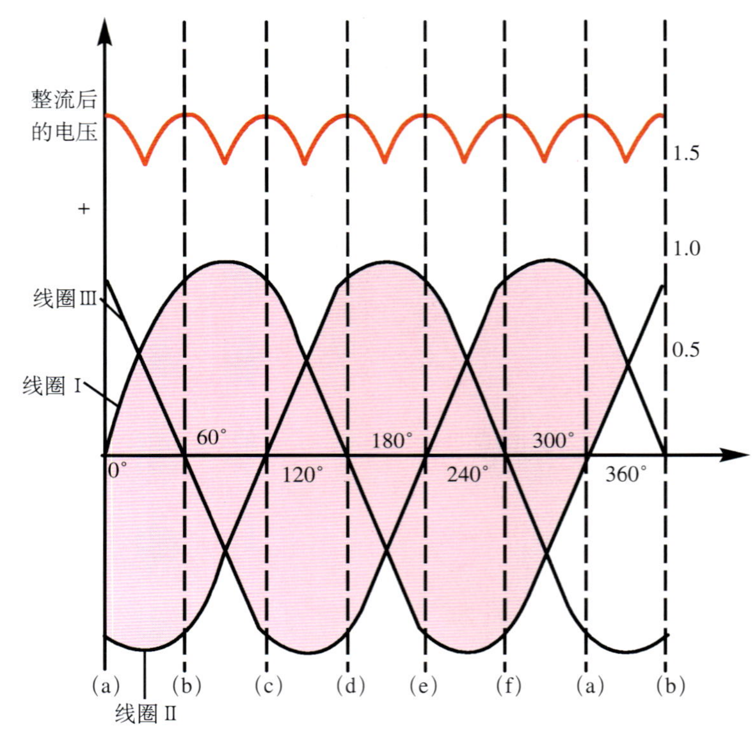

整流器座内，6 个二极管构成全桥整流电路。

当转子在定子线圈内转一周，在各线圈内所产生的电流如（a）到（f）所示。在状态（a）时，线圈 III 中产生正电压，线圈 II 中产生负电压，电流从线圈 II 流向线圈 III。此电流经二极管 3 流到负载，然后经二极管 5 返回线圈 II。同理，从状态（b）到（f），交流电通过两个二极管整流，保持恒量的电流规则地通到电器负载。

整流器

电压调节器

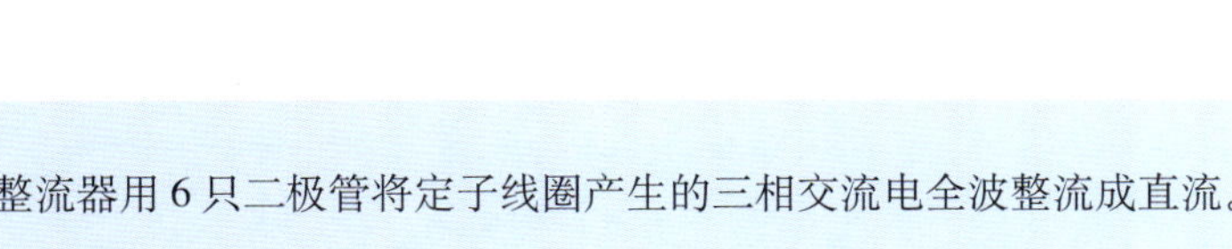

整流器用 6 只二极管将定子线圈产生的三相交流电全波整流成直流。

电压调节器主要由混合集成电路、散热片和连接器组成，通过检测发电机的内部电压来把输出电压调节到规定的值。

起动机总成图

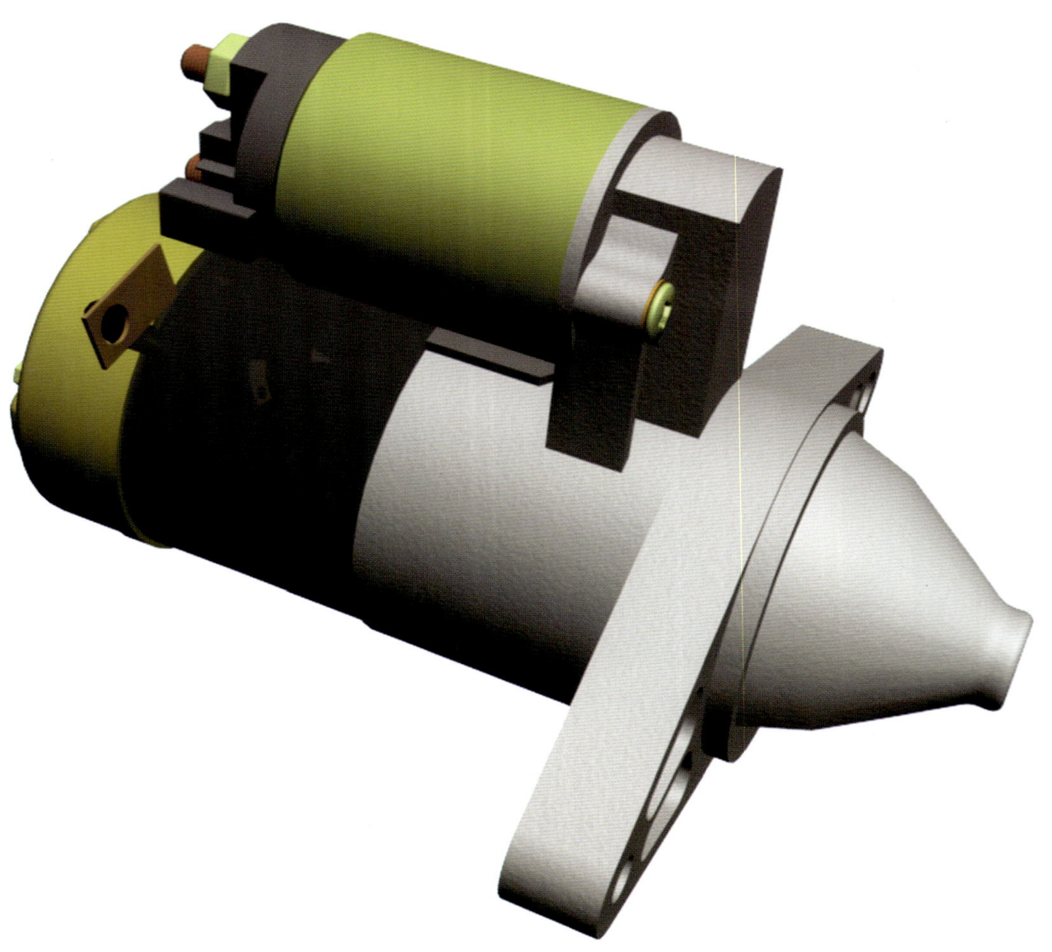

发动机不能自起动，需要外力使之产生第一次燃烧进行起动。起动机通过环形齿轮旋转曲轴，实现最低起动转速（约100r/min）。直流串励式电动机由于结构紧凑、操作方便，起动转矩大而迅速，又具有重复起动的能力，为现代汽车广泛使用。

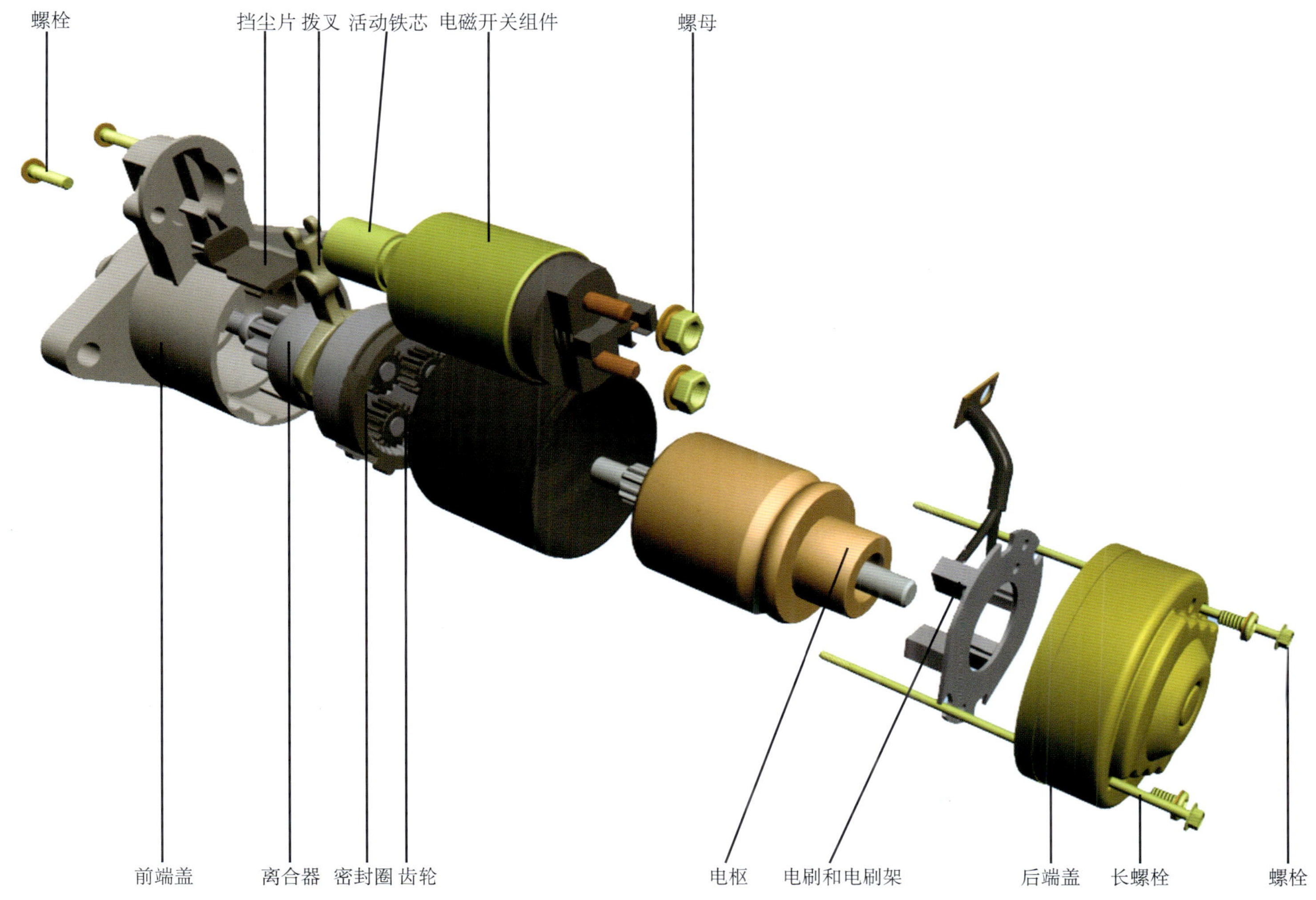
螺栓
挡尘片
拨叉
活动铁芯
电磁开关组件
螺母
前端盖
离合器
密封圈
齿轮
电枢
电刷和电刷架
后端盖
长螺栓
螺栓

起动机零部件图

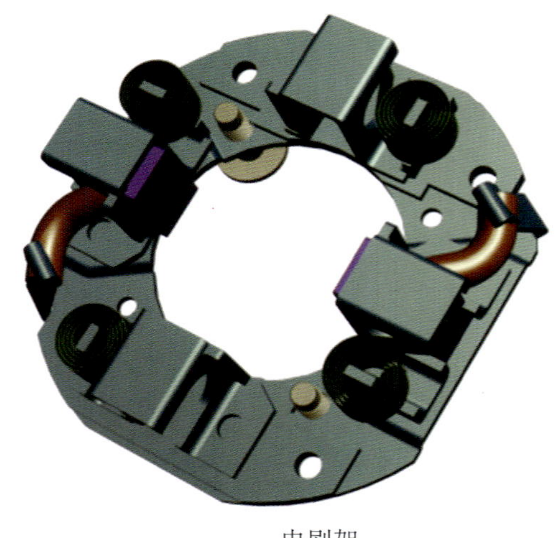

电刷架

电刷用电刷弹簧压住电枢整流器，使电流以固定的方向从线圈流到电枢。

离合器

单向离合器能将电动机的转动经传动小齿轮传输到发动机，反向打滑。

拨叉

拨叉推动小齿轮的啮合与脱开。

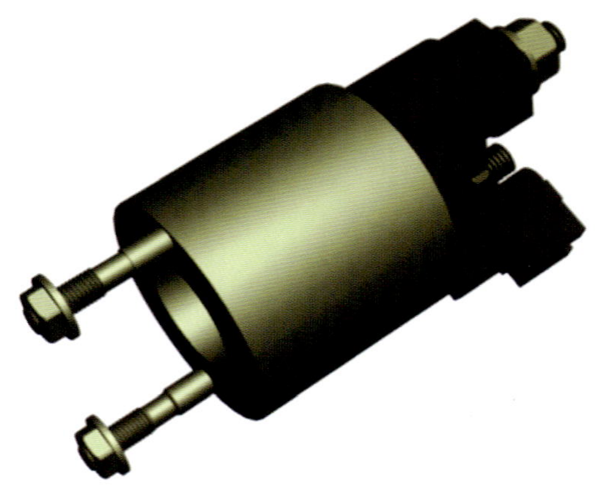

电磁开关组件

电磁开关组件控制电动机的开关和小齿轮的啮合与脱开。

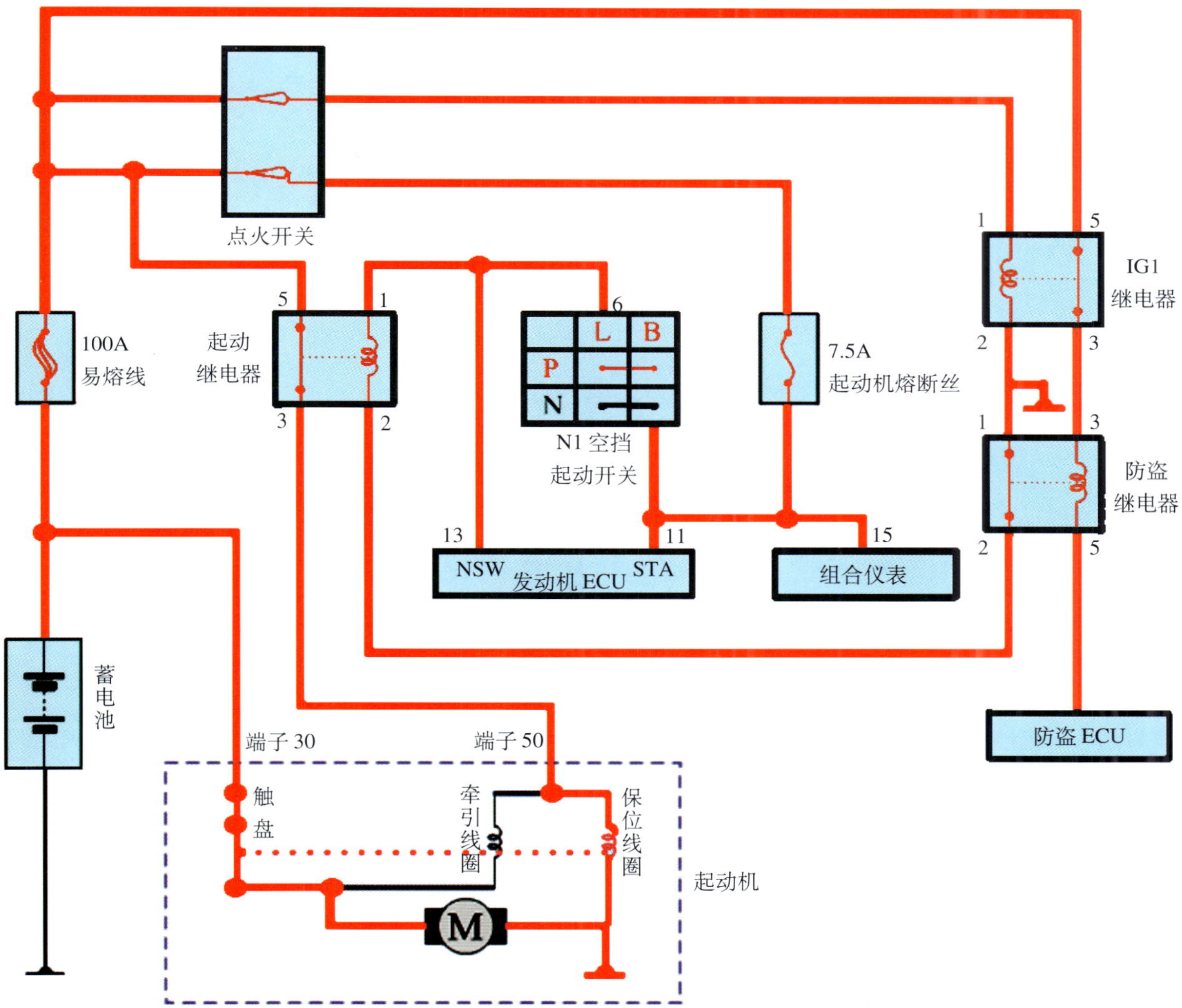

起动系统原理图

起动时，IG1继电器通电先闭合，再通过防盗检测，防盗继电器闭合。由于挡位在P/N挡，发动机无转速信号，起动继电器闭合。小电流通过起动继电器，同时流过牵引线圈和保位线圈，两线圈产生电磁力相同，吸引触盘闭合。大电流直接通过闭合的触盘到起动电机，带动发动机起动，同时小电流继续通过保位线圈，使触盘保持闭合状态。起动结束后，起动继电器断开，有电流由触盘流经牵引线圈后，再流过保位线圈，两线圈产生电磁力相反，触盘分开，起动电机关闭。

点火开关
100A
易熔线
起动
继电器
5 1 3 2
L B P N
6
N1空挡
起动开关
7.5A
起动机熔断丝
1 5 2 3
IG1
继电器
1 3 2 5
防盗
继电器
13 11 15
NSW 发动机ECU STA
组合仪表
防盗ECU
蓄电池
端子30
端子50
触
盘
牵引线圈
保位线圈
M
起动机

点火开关图

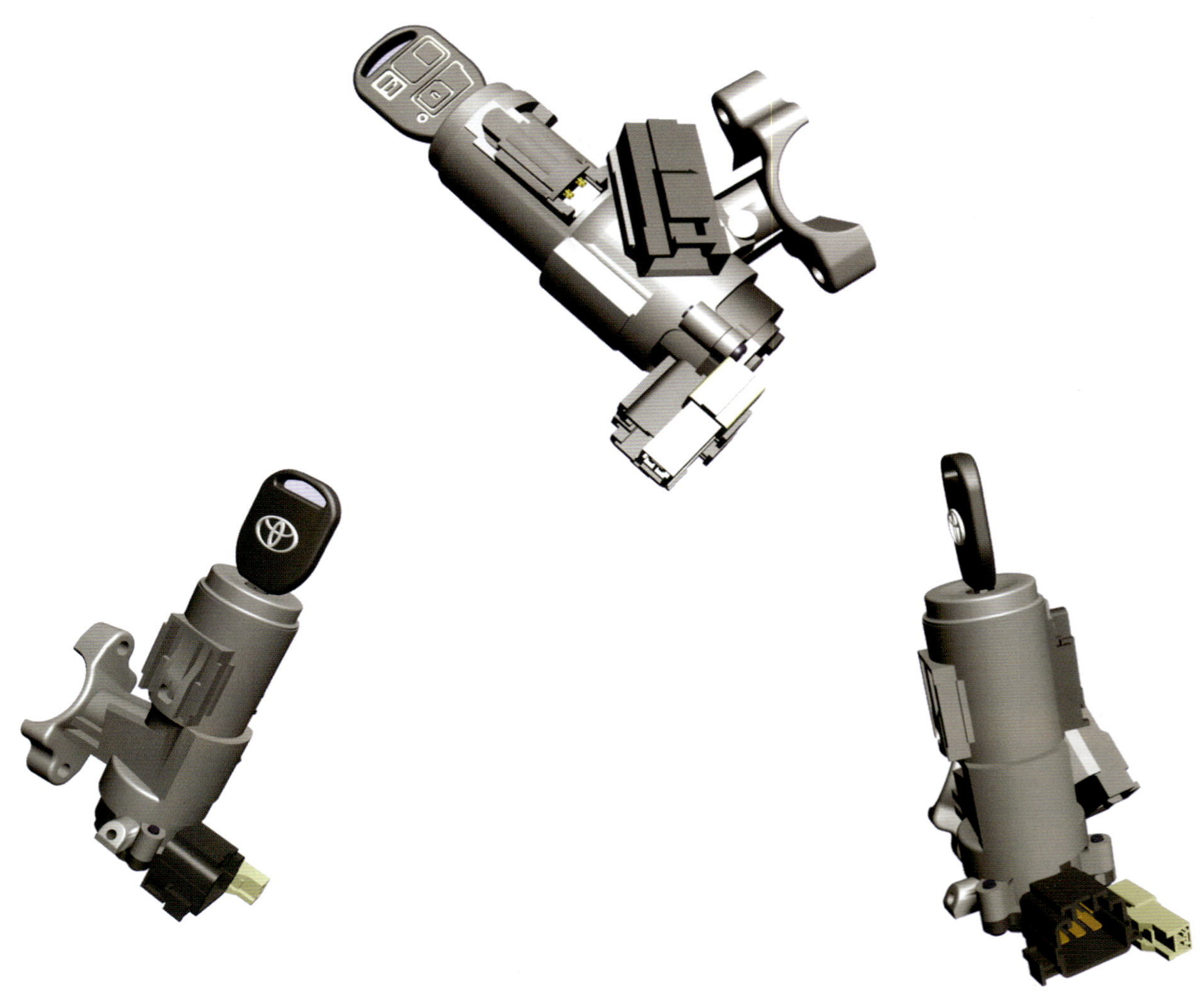

点火开关负责点火系统、起动系统和备用电器的通断。点火开关一般有三挡（顺时针方向）：第一挡为预热挡；第二挡为工作挡；第三挡为起动挡。

为了保证汽车夜间行驶的安全以及提高其行驶速度，在汽车上装有多种照明设备和灯光信号装置。前灯主要由前照灯、示宽灯和转向灯组成。前照灯俗称前大灯，用来照亮车前的道路，由近光灯和远光灯组成；示宽灯俗称前小灯，夜间行驶时，标示汽车的宽度；转向灯是信号灯，转弯时发出明暗交替的闪光信号，表明汽车向左（或右）转向行驶，一般为橙色。

后灯组合图

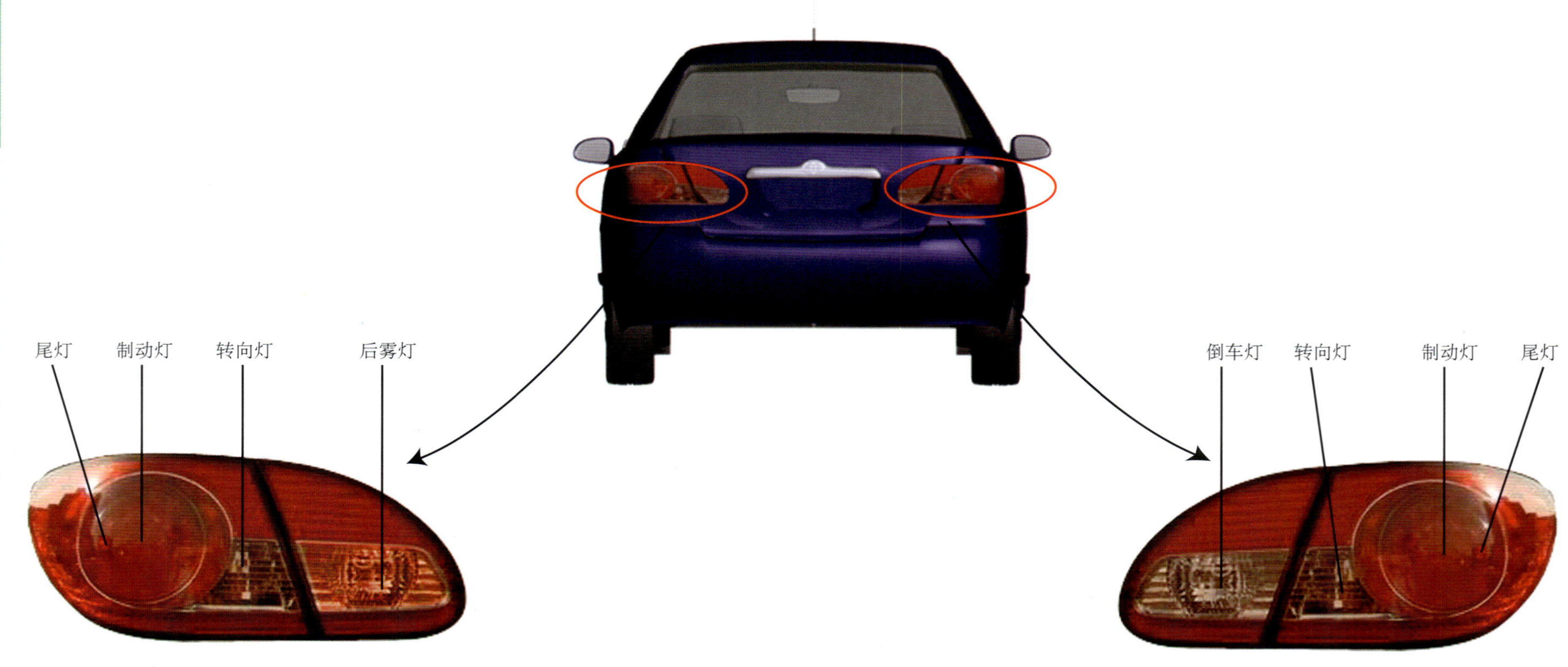

汽车组合后灯由尾灯、制动灯、转向灯、后雾灯和倒车灯组成。夜间行驶时，尾灯用来警示后面的车辆，以便保持一定的距离；每当踩下制动踏板时，制动灯发出较强的红光，以示汽车减速制动；倒车灯用来照亮车后路面，并警告车后的车辆和行人，表示该车正在倒车；后雾灯在有雾、下雪、暴雨或尘埃弥漫等情况下，用来改善道路的照明情况，防止后车追尾。

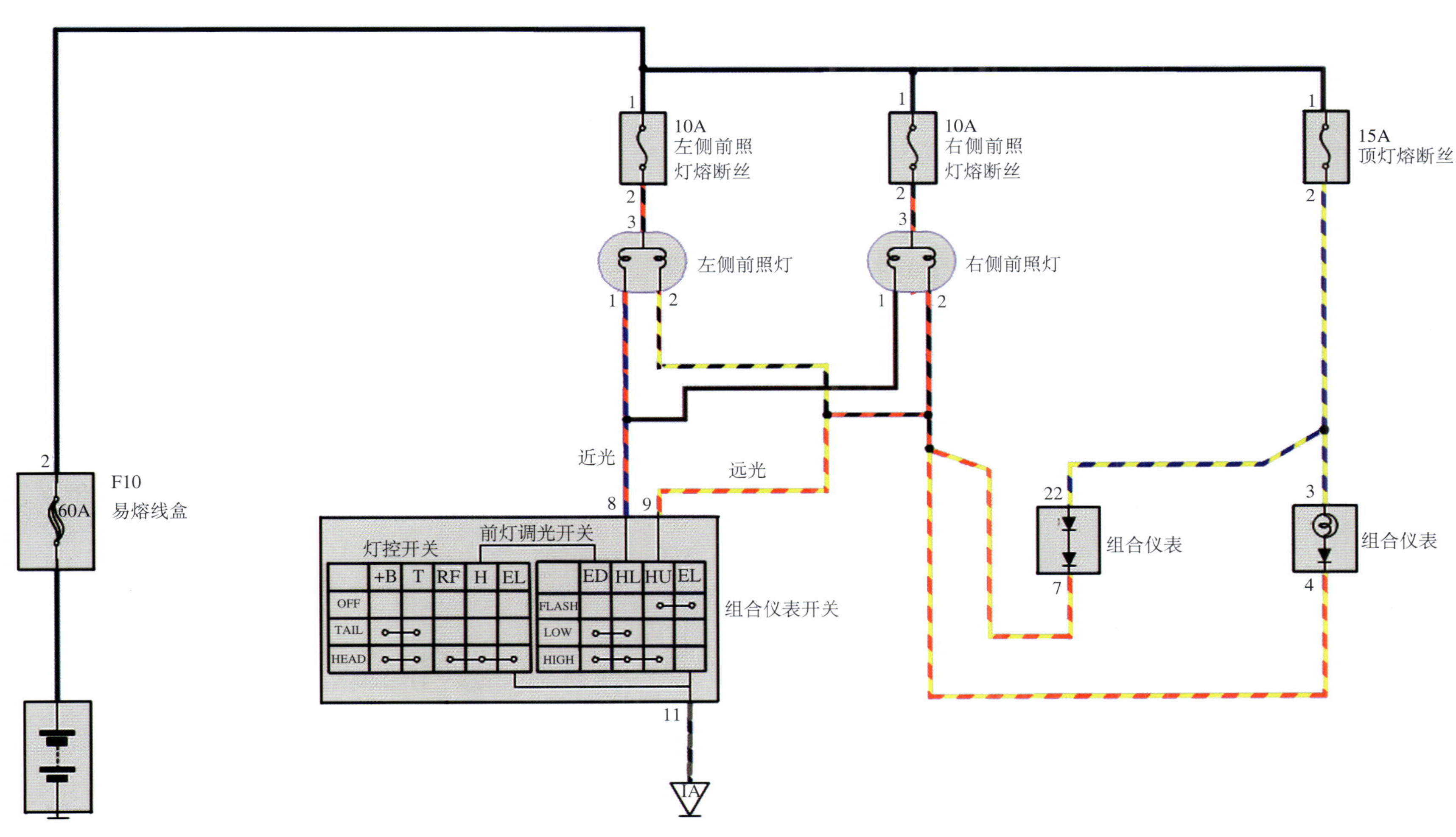
1
10A
左侧前照
灯熔断丝
2
3
左侧前照灯
1
2
1
10A
右侧前照
灯熔断丝
2
3
右侧前照灯
1
2
1
15A
顶灯熔断丝
2
2
F10
60A
易熔线盒
近光
远光
8
9
前灯调光开关
灯控开关
+B
T
RF
H
EL
ED
HL
HU
EL
OFF
TAIL
HEAD
FLASH
LOW
HIGH
组合仪表开关
11
IA
22
组合仪表
7
3
组合仪表
4

前后转向灯原理图

ACC
IG1
AM1
TL
YB
TR
LH
RH
组合仪表开关
10A 仪表熔断丝
闪光器继电器
15A喇叭熔断丝
50A AM1
10A 危险警告灯熔断丝
50A MAIN
100A ALT
危险警告灯开关
后风窗防雾开关
左前转向信号灯
左前侧转向信号灯
右前转向信号灯
右前侧转向信号灯
左后组合灯
右后组合灯
左转向
右转向
组合仪表
喇叭继电器
喇叭开关
IB
EB
EA
BB

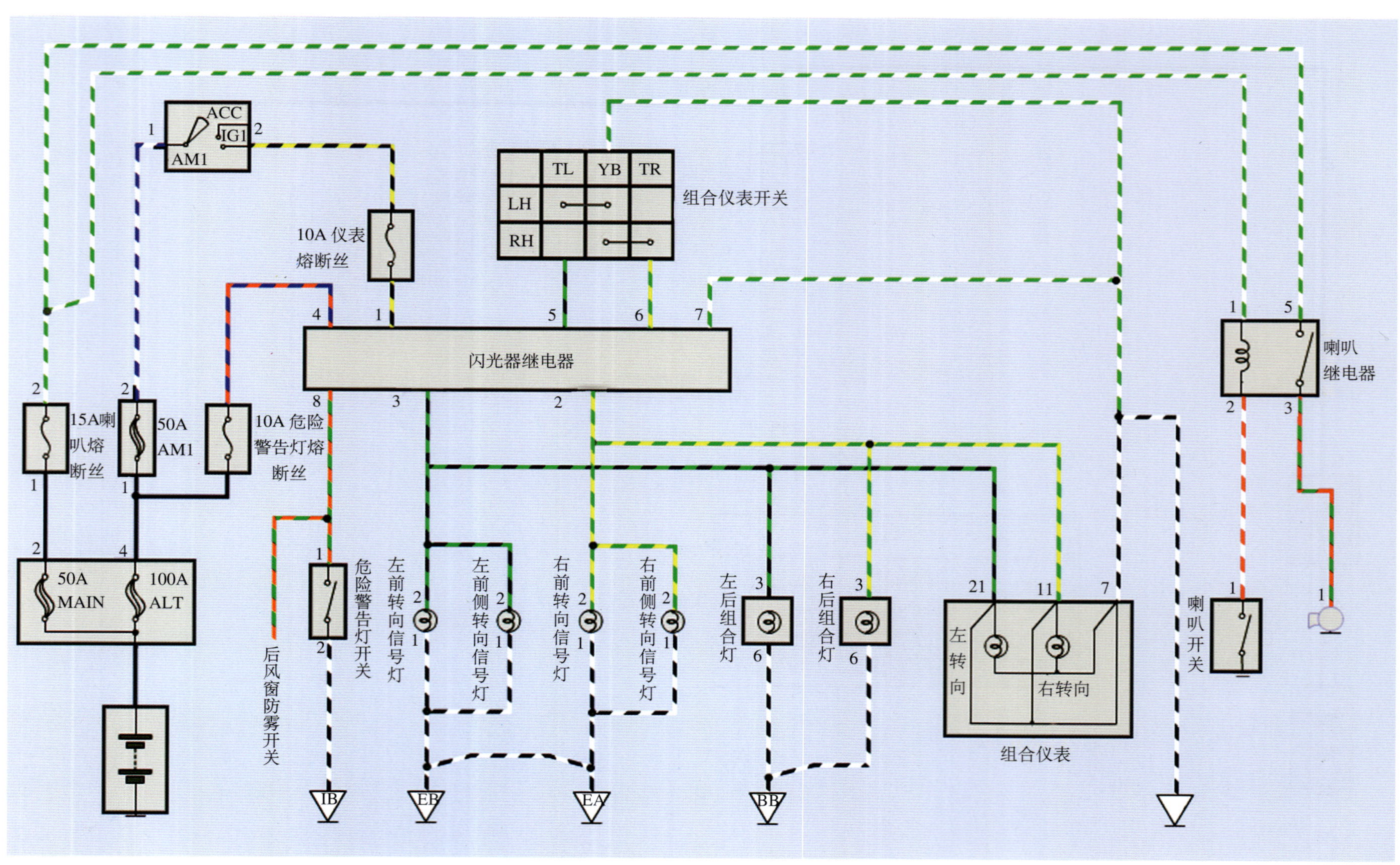

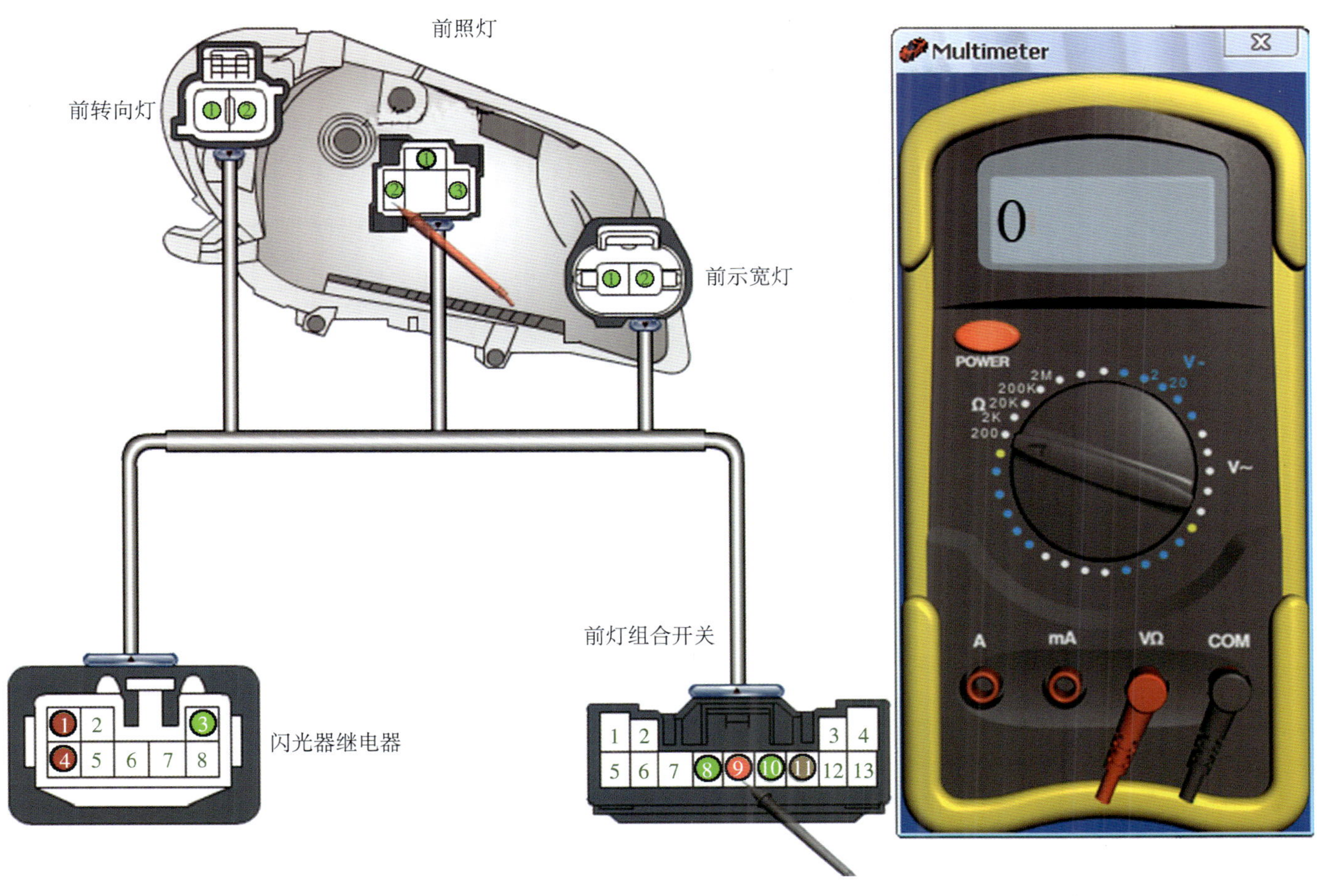

前组合灯导线导通性检测表

接插件名称		端子号
前照灯	前灯组合开关	1-8
前照灯	前灯组合开关	2-9
前示宽灯	前灯组合开关	2-10
前转向灯	闪光器继电器	2-3

前组合灯接插件检测图

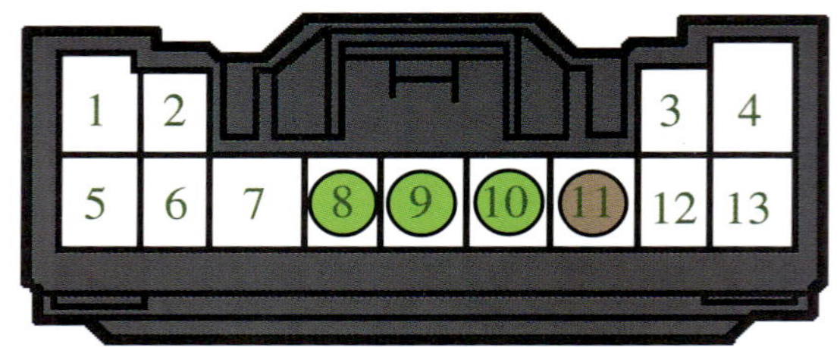

前灯组合开关接插件

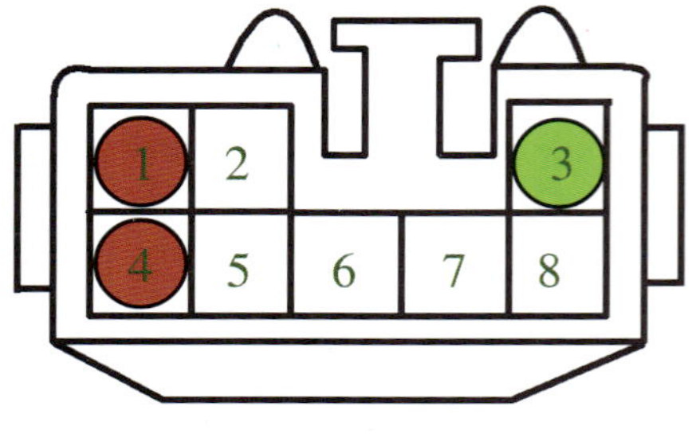

闪光器继电器接插件

前灯组合开关导通性检测表

测试端子	前灯组合开关位置	标注值
12 － 6	OFF	不导通
	TAIL	导通
	HEAD	导通
7 － 10		导通
11 － 10	FLASH	导通
9 － 10	LOW BEAM	导通
11 － 10	HI BEAM	导通
4 － 5	右转向	导通
4 － 3	左转向	导通
1 － 2	前雾灯 ON	导通

闪光器继电器端子电压和导通性检测表

测试端子	测 试 条 件	标 注 值
7 －搭铁	—	导通
1 －搭铁	点火开关 ON 位置	蓄电池电压
1 －搭铁	点火开关 ON 位置	无电压
4 －搭铁	—	蓄电池电压
2 －搭铁	转向信号开关（右）OFF → ON	0V ↔ 9V（60～120 次 / 分钟）
3 －搭铁	转向信号开关（左）OFF → ON	0V ↔ 9V（60～120 次 / 分钟）
5 －搭铁	转向信号开关（左）OFF → ON	高于 9V → 0V
6 －搭铁	转向信号开关（右）OFF → ON	高于 9V → 0V
8 －搭铁	应急警告开关 OFF → ON	高于 9V → 0V

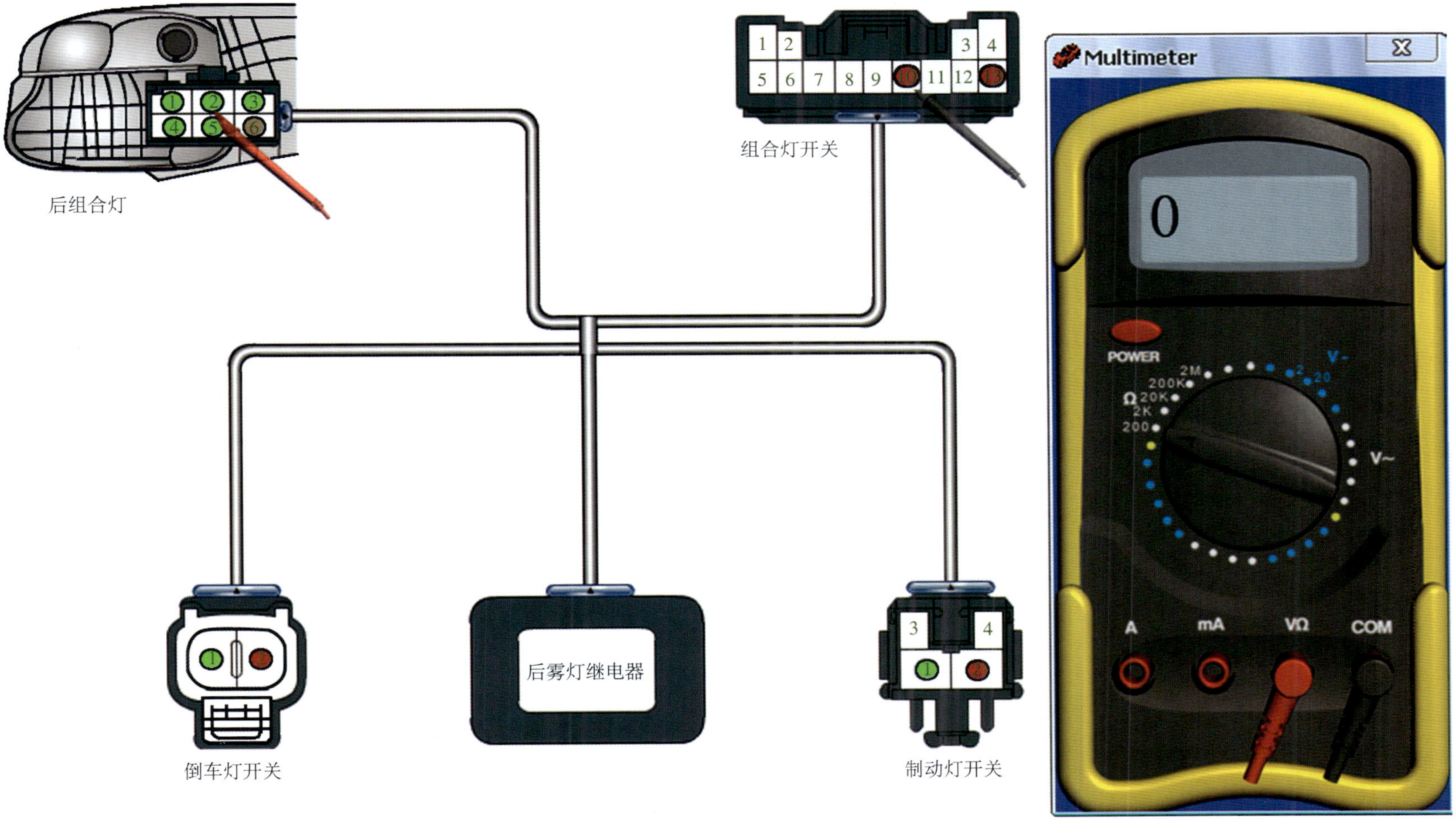

后组合灯导线导通性检测表

接插件名称		端子号
后组合灯	组合灯开关	2 – 10
后组合灯	制动开关	1 – 1
后组合灯	后雾灯继电器	4 – 3

前后雾灯原理图

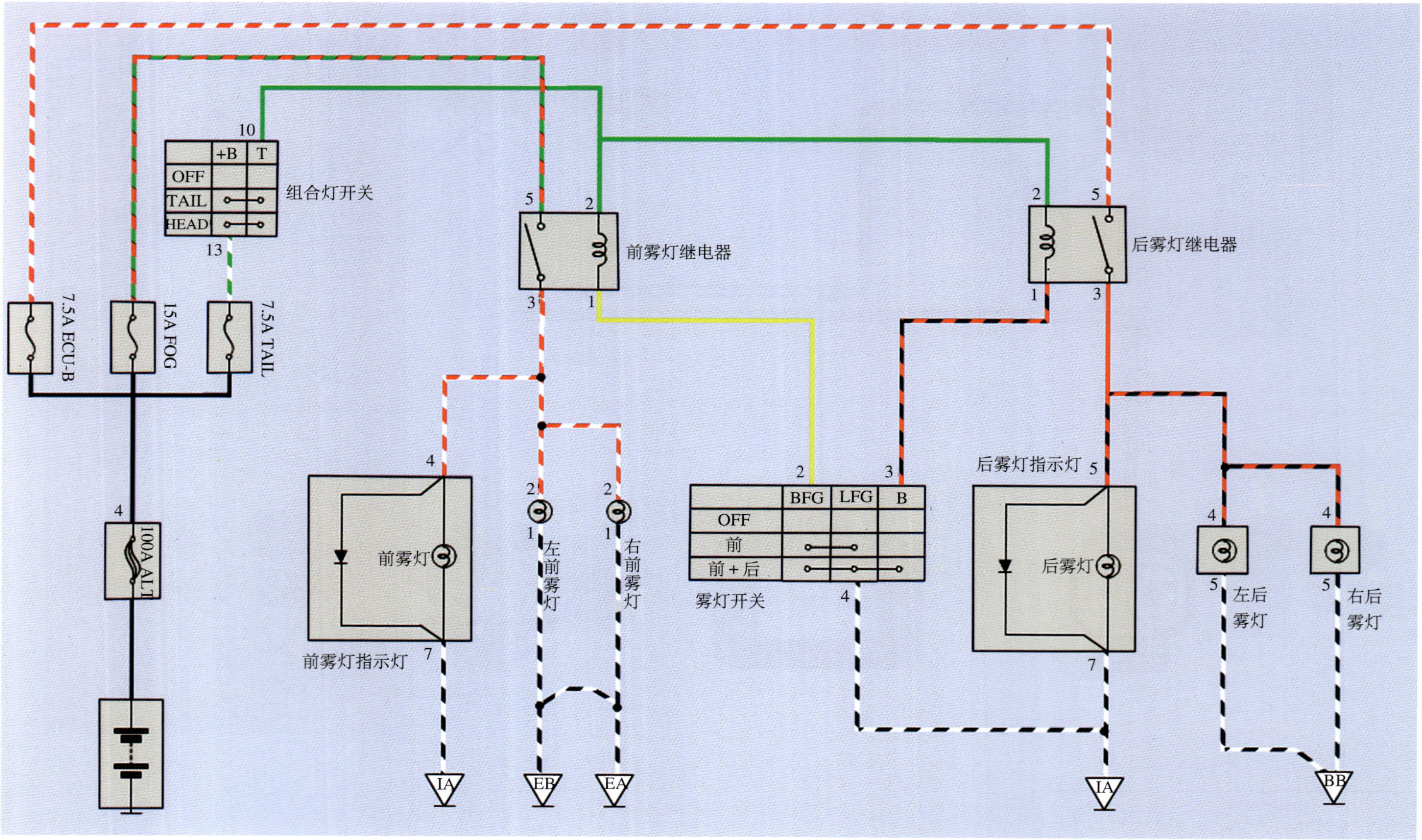

+B
T
OFF
TAIL
HEAD
10
13
组合灯开关
7.5A ECU-B
15A FOG
7.5A TAIL
4
100A ALT
5
2
3
1
前雾灯继电器
2
5
1
3
后雾灯继电器
4
前雾灯
7
前雾灯指示灯
2
1
左前雾灯
2
1
右前雾灯
2
3
BFG
LFG
B
OFF
前
前＋后
4
雾灯开关
后雾灯指示灯
5
后雾灯
7
4
5
左后雾灯
4
5
右后雾灯
IA
EB
EA
IA
BB

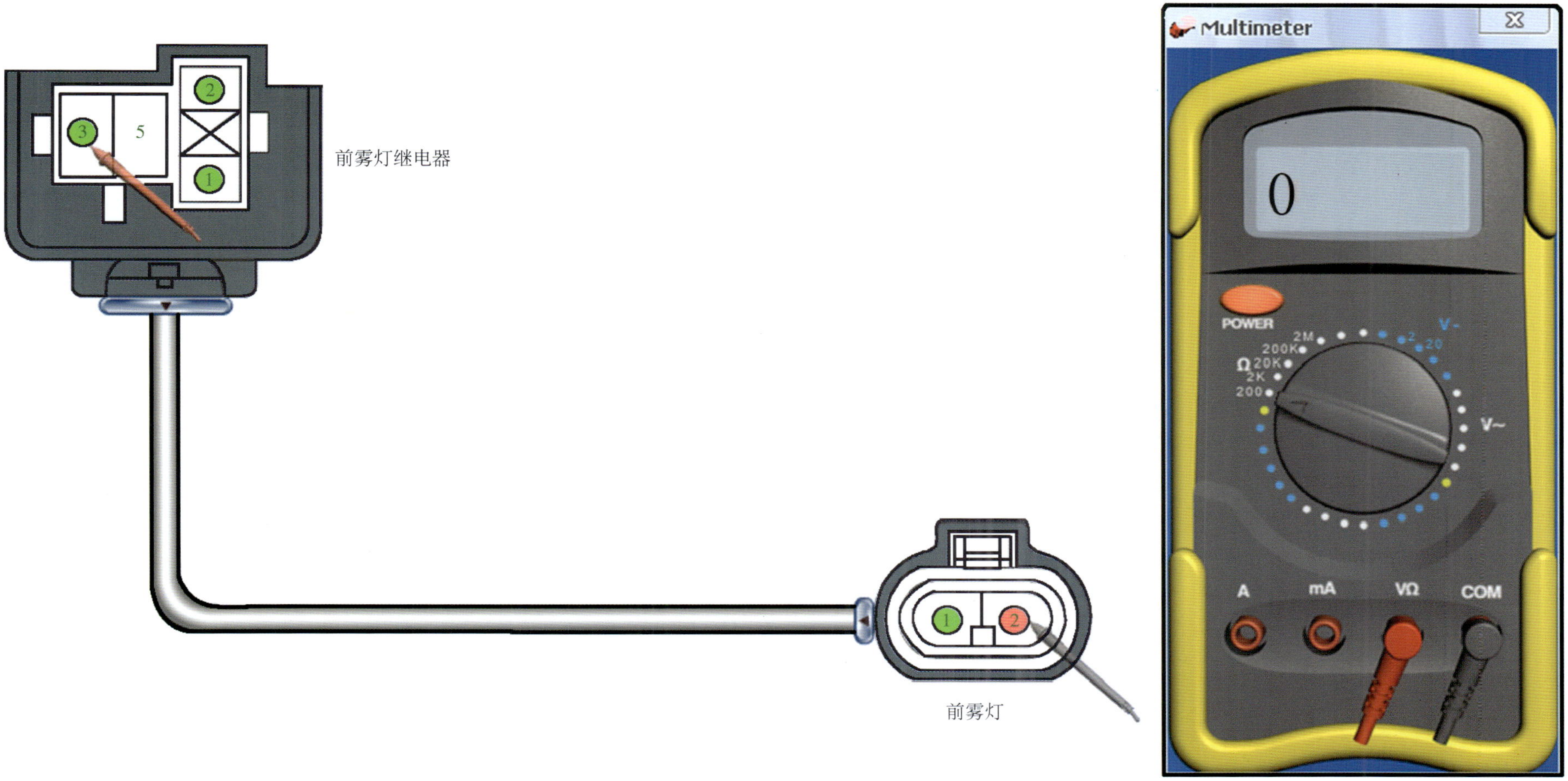

前雾灯继电器

前雾灯

前雾灯导线导通性检测表

接插件名称		端子号
前雾灯继电器	前雾灯	3-2

尾灯原理图

A
B
C
D
ACC
IG1
AM1
点火开关
15A DOME
50 AM1
7.5A TAIL
+B
T
OFF
TAIL
HEAD
组合灯开关
60A MAIN
100A ALT
易熔线盒
左前示宽灯
右前示宽灯
左后尾灯
右后尾灯
后牌照灯
左牌照灯
时钟
AT 挡位显示
EB
EA
BB
BA
ID
IC
IA

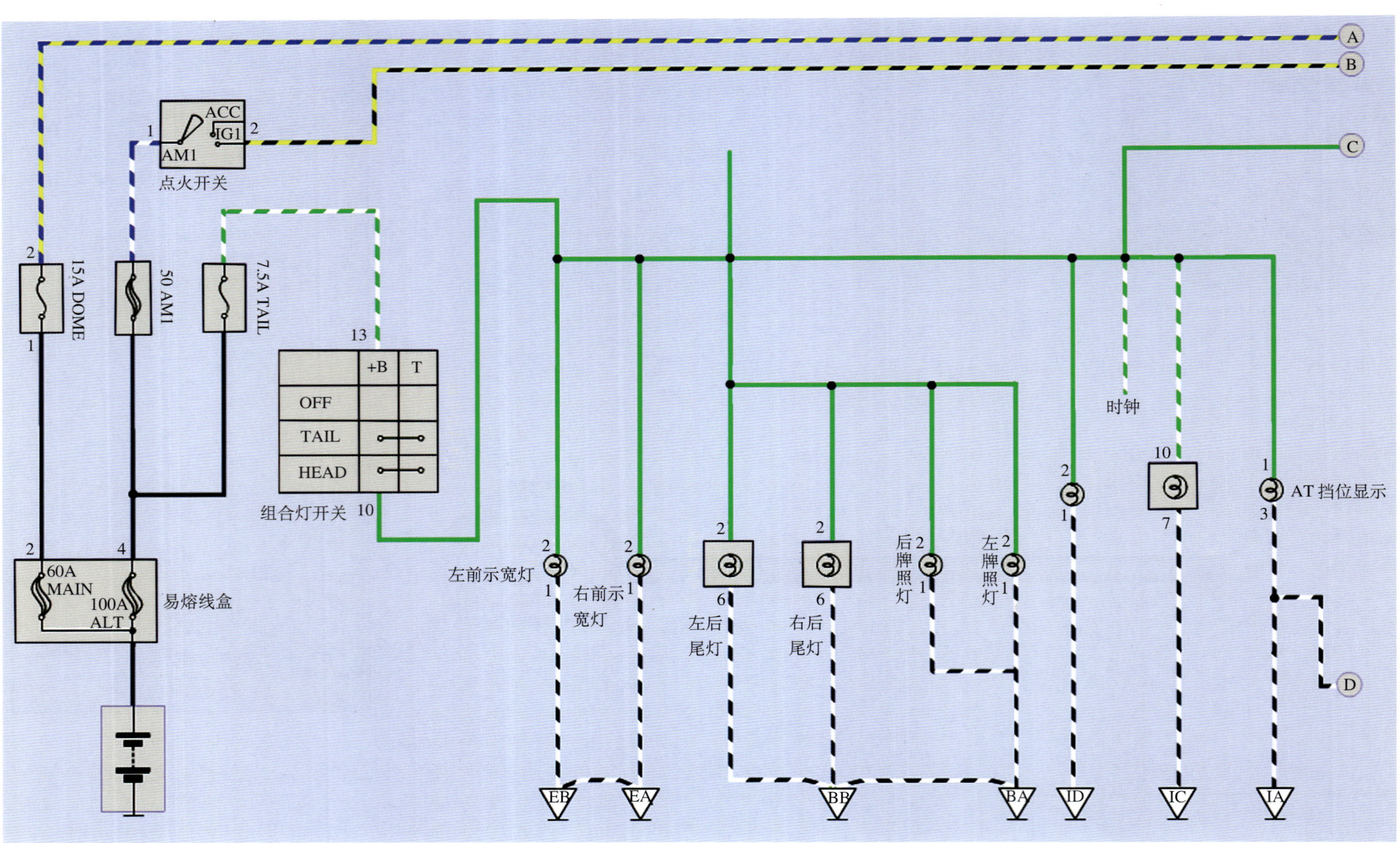

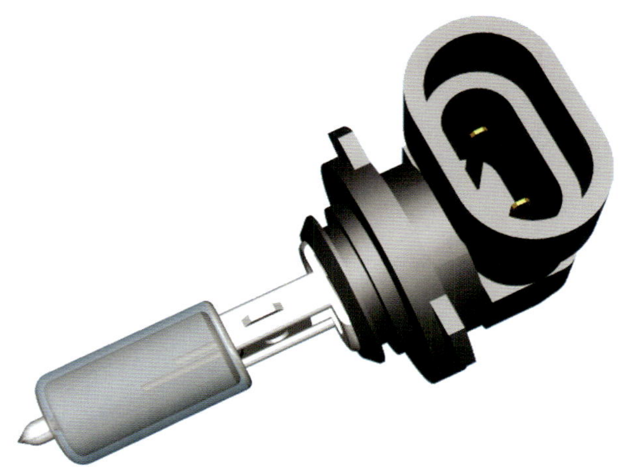

前照灯灯泡

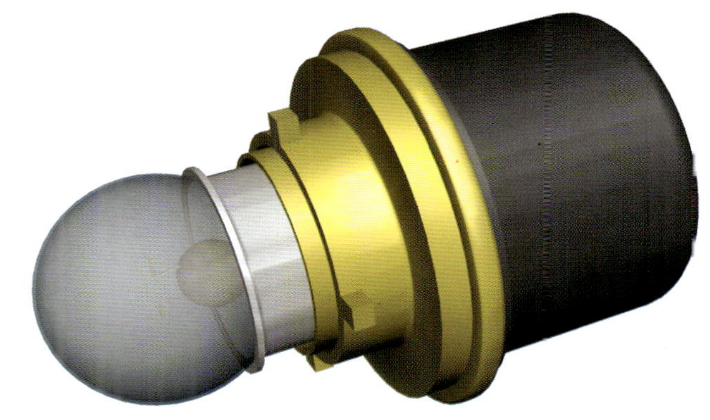

示宽灯灯泡

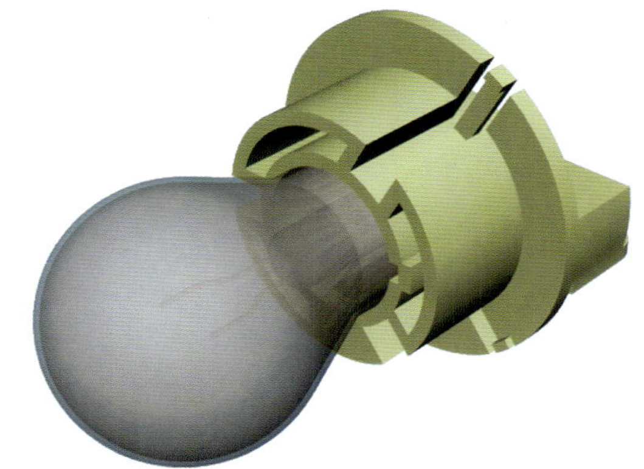

转向灯灯泡

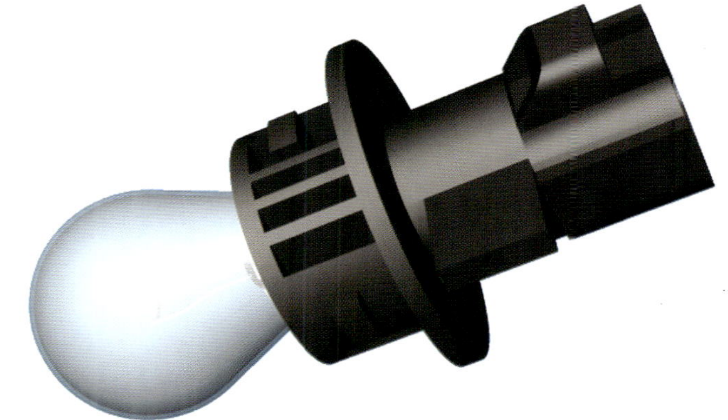

雾灯灯泡

其他灯具图

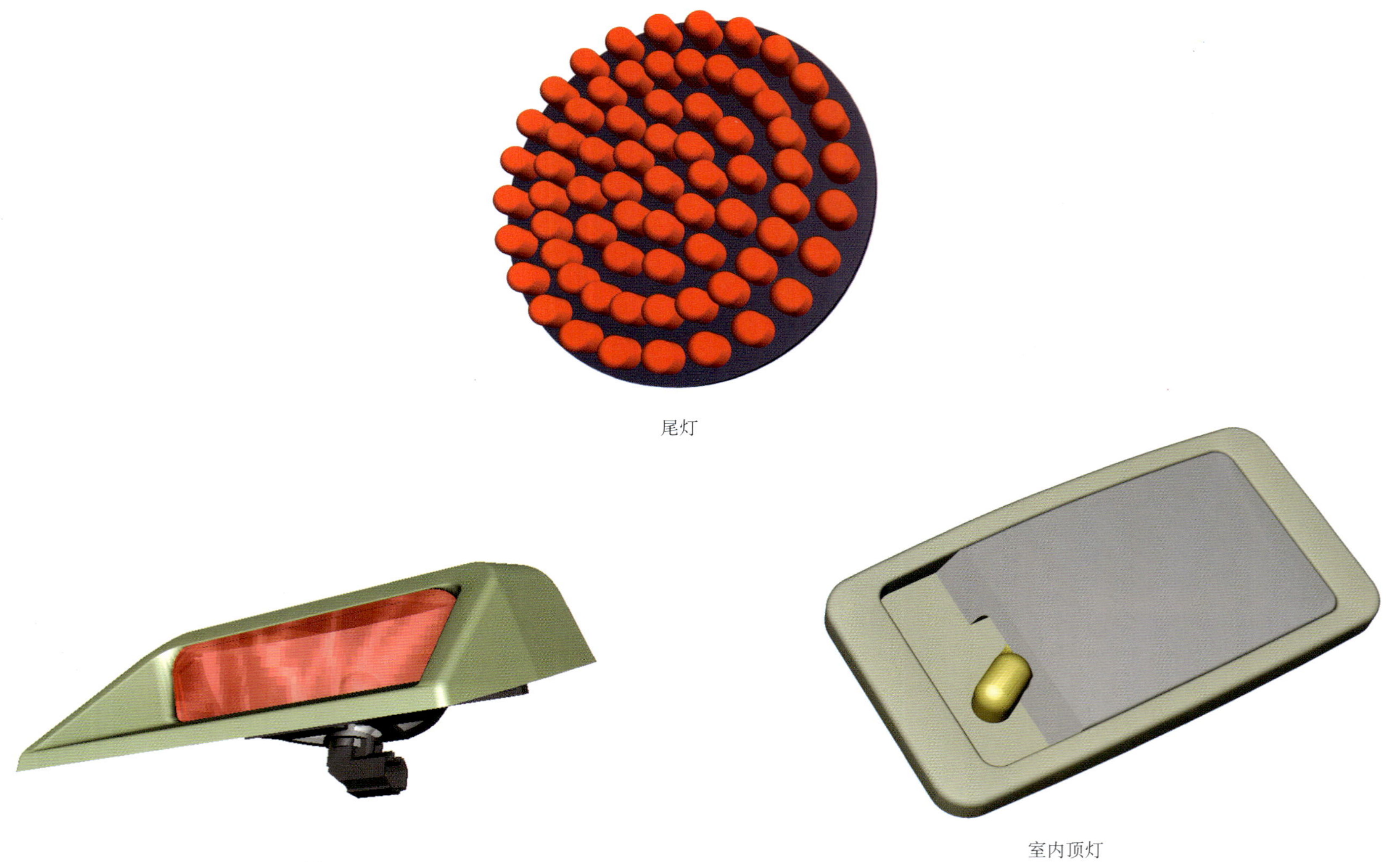

尾灯

高位制动灯

室内顶灯

组合灯开关

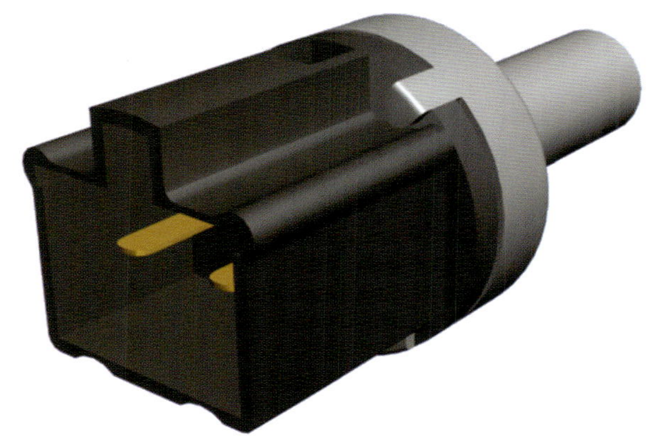

制动灯开关

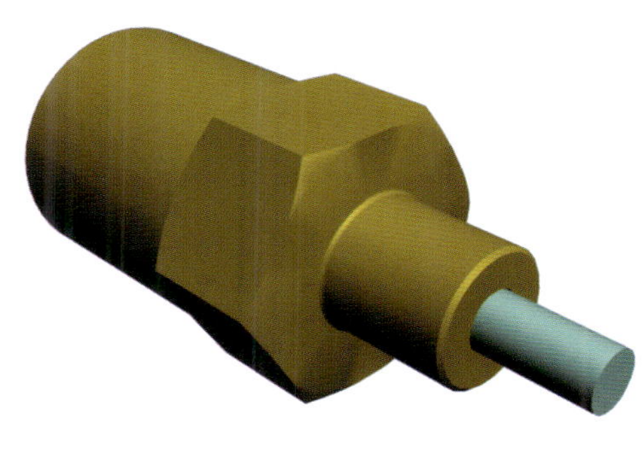

倒车灯开关

卤素灯泡图

卤素灯充有卤族元素气体，灯丝发热时，钨原子蒸发，和卤素原子结合形成卤化钨；卤化钨向玻璃管中央移动，又重新回到被氧化的灯丝上。通过这种再生循环过程，灯丝的使用寿命不仅得到了大大延长，同时灯丝可以在更高温度下工作，可获得更高的亮度、色温和发光效率。

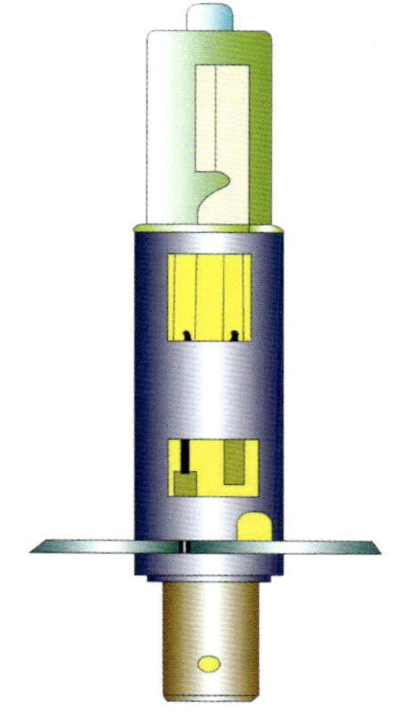
H1 远光灯泡

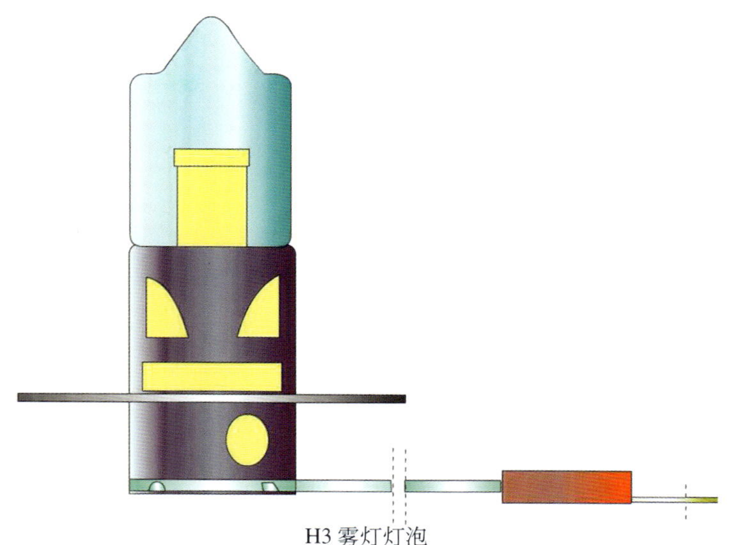
H3 雾灯灯泡

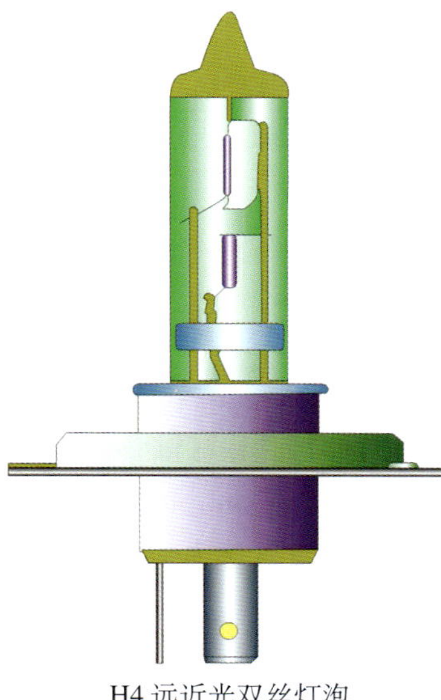
H4 远近光双丝灯泡

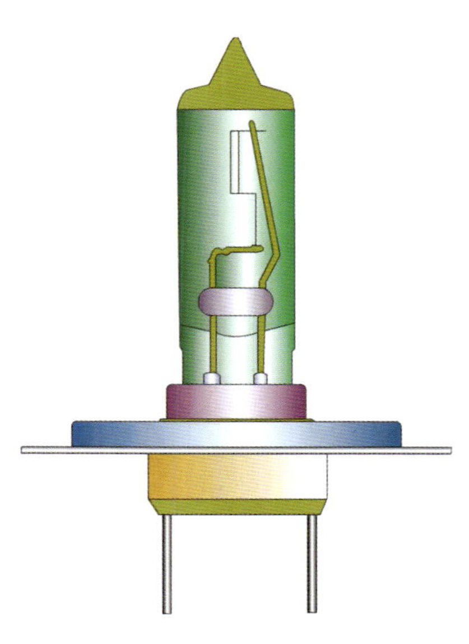
H7 近光灯泡

氙气灯图

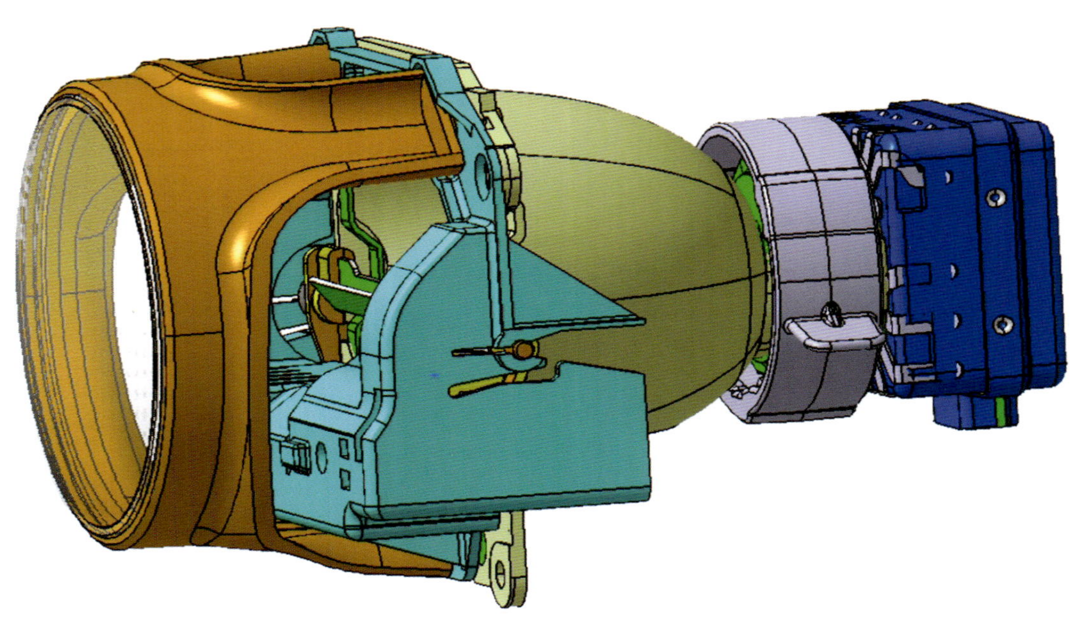

氙气灯 HID（High Intensity Discharge）是在水晶石英玻璃管内，以氙气与碘化物等惰性气体充填。增压器将车上 12V 直流电压瞬间增压至 23000V，经过高压振幅激发石英管内的氙气电子游离，在两电极之间产生光源。氙气所产生的白色超强电弧光，亮度是传统卤素灯泡的 3 倍。氙气灯泡的使用寿命是传统卤素灯泡的 10 倍。

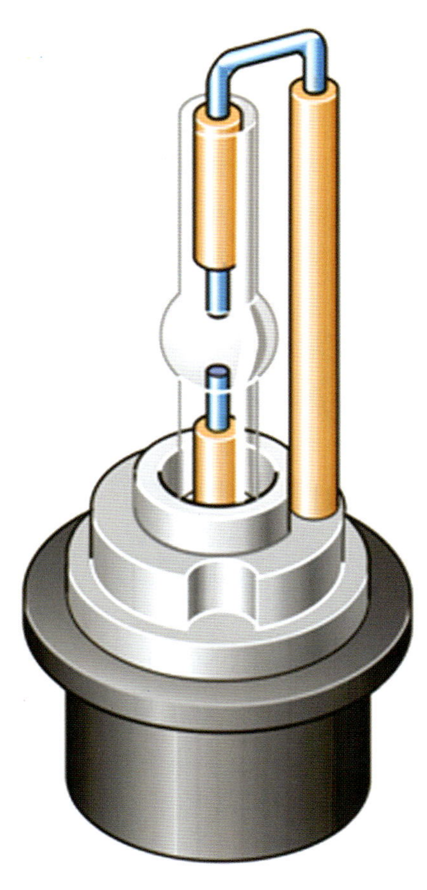

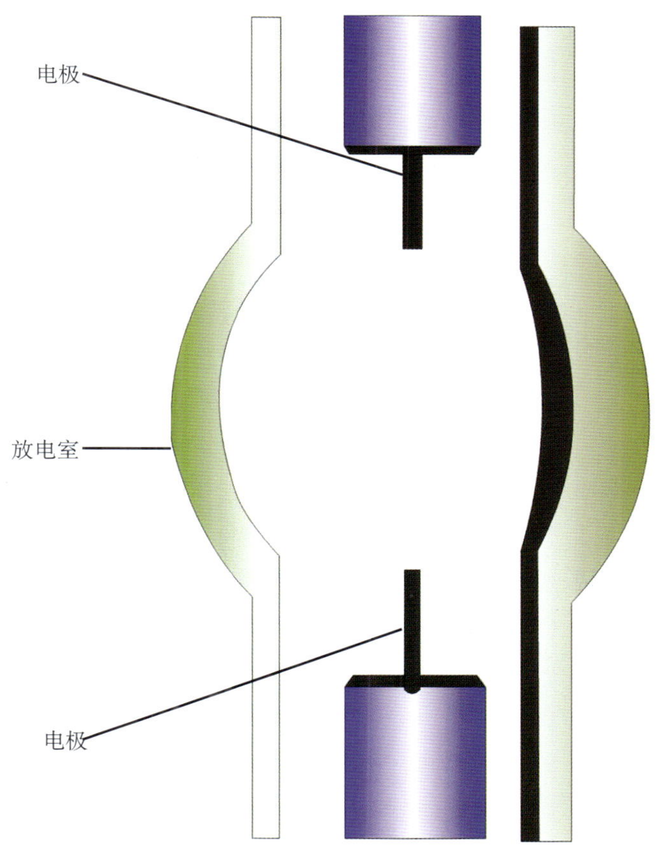

灯中心部分是放电室，用石英玻璃制成。管内充有一定量的汞、金属盐和氙气，用钨作主电极。接通电路时，氙气灯立即点亮，并使汞和金属盐蒸发，金属蒸气混合物影响发光效果，汞产生大多数光，而金属盐影响色谱。

氙气灯组成图

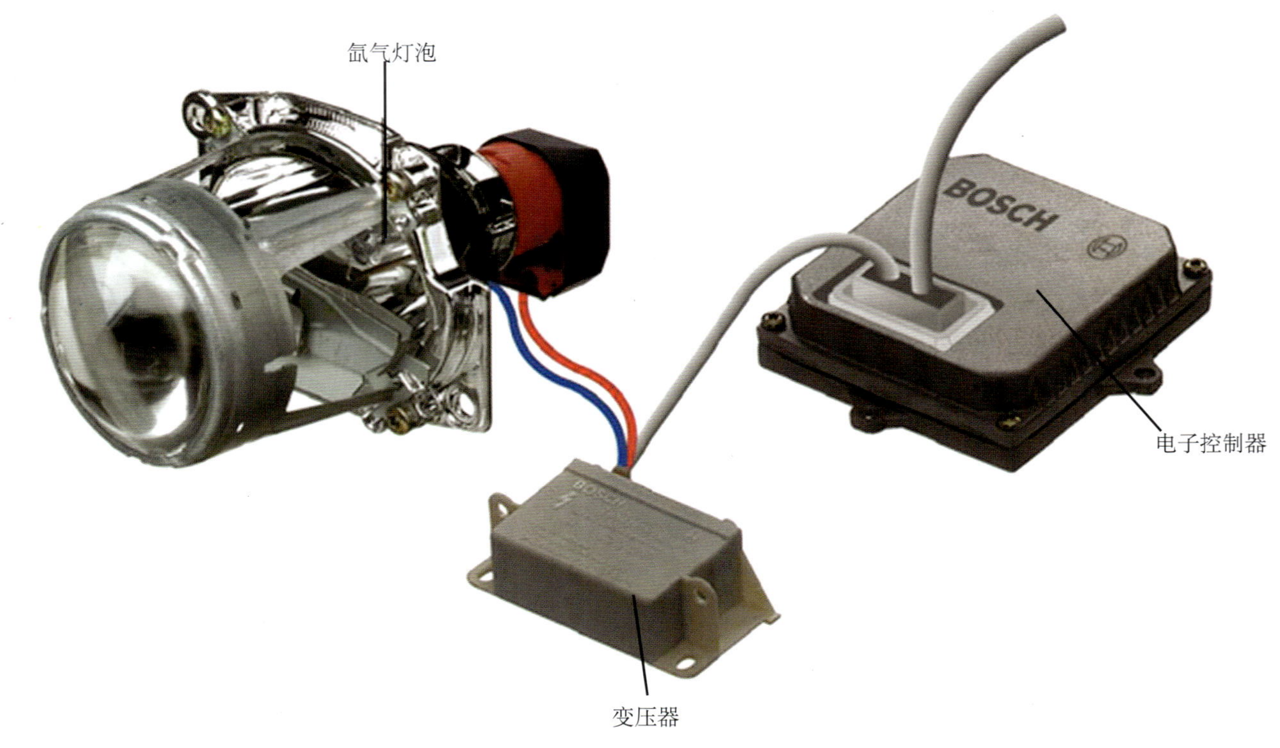

氙气灯由小型石英灯泡、变压器和电子控制器组成。变压器将低电压变为高电压输出，电子控制器的主要功能是限制氙气灯泡的工作电流，向灯泡提供20000V以上的点火电压和维持工作的低电压（80V左右）。

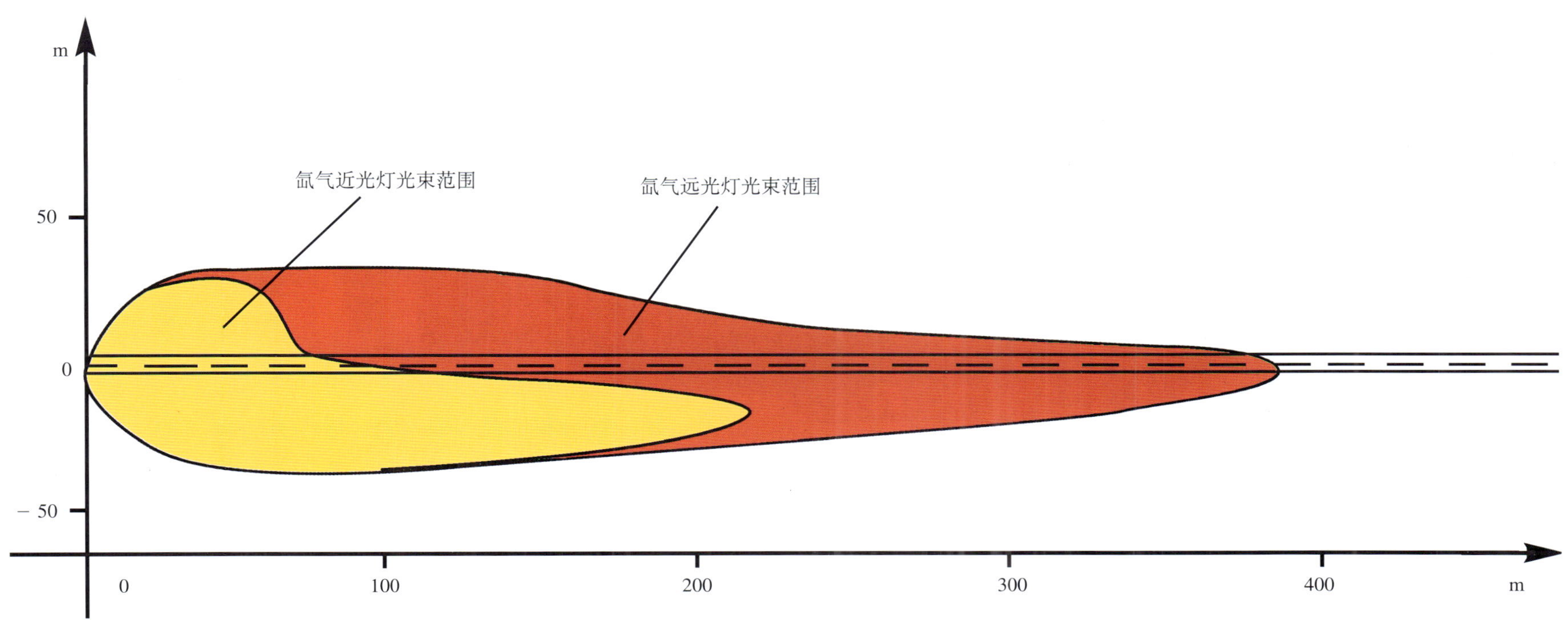
m
50
0
- 50
氙气近光灯光束范围
氙气远光灯光束范围
0
100
200
300
400
m

主动转向大灯图

主动转向大灯 AFS(Adaptive Front-lighting System)又称自适应前照明系统，它能够根据汽车转向盘角度、车辆偏转率和行驶速度，不断对前照灯进行动态调节，适应当前的转向角，保持灯光方向与汽车的当前行驶方向一致，以确保对前方道路提供最佳照明并对驾驶员提供最佳可见度，从而增强黑暗中驾驶的安全性。

传统前照灯与主动转向大灯比较图

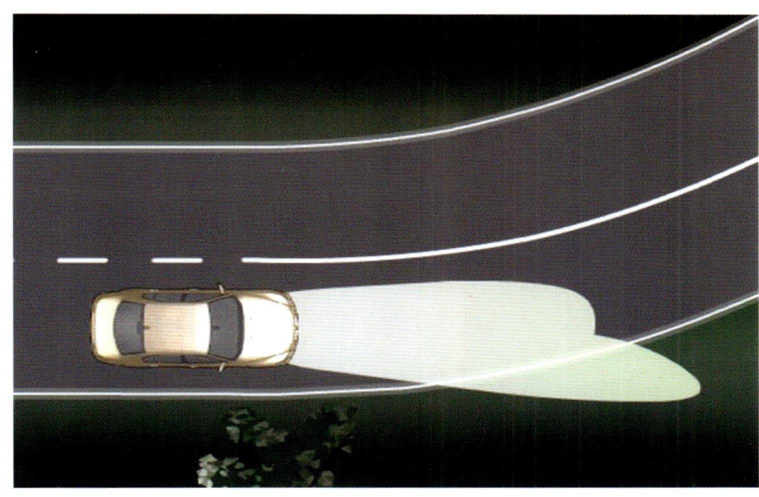
弯道处传统前照灯光束示意

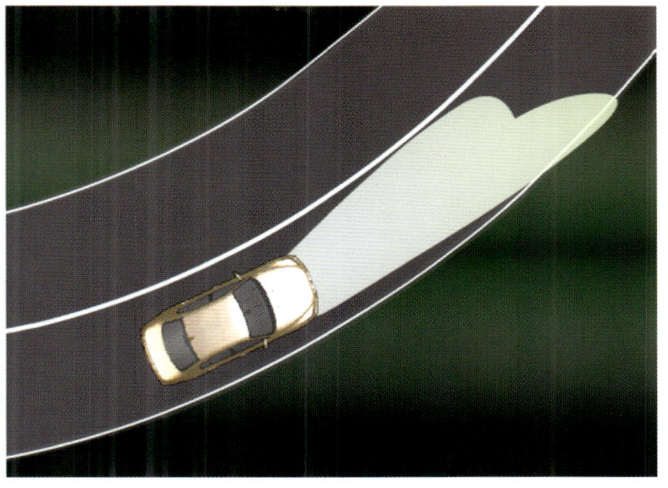
弯道处主动转向大灯光束示意

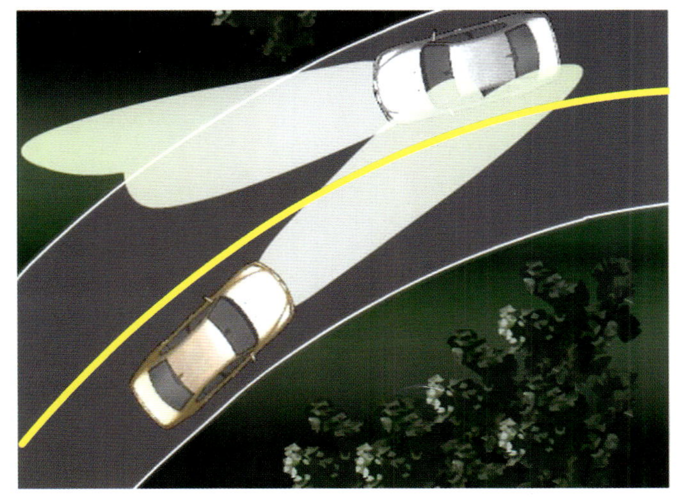
弯道处两车交会时传统前照灯光束示意

弯道处两车交会时主动转向大灯光束示意

主动转向大灯效果图

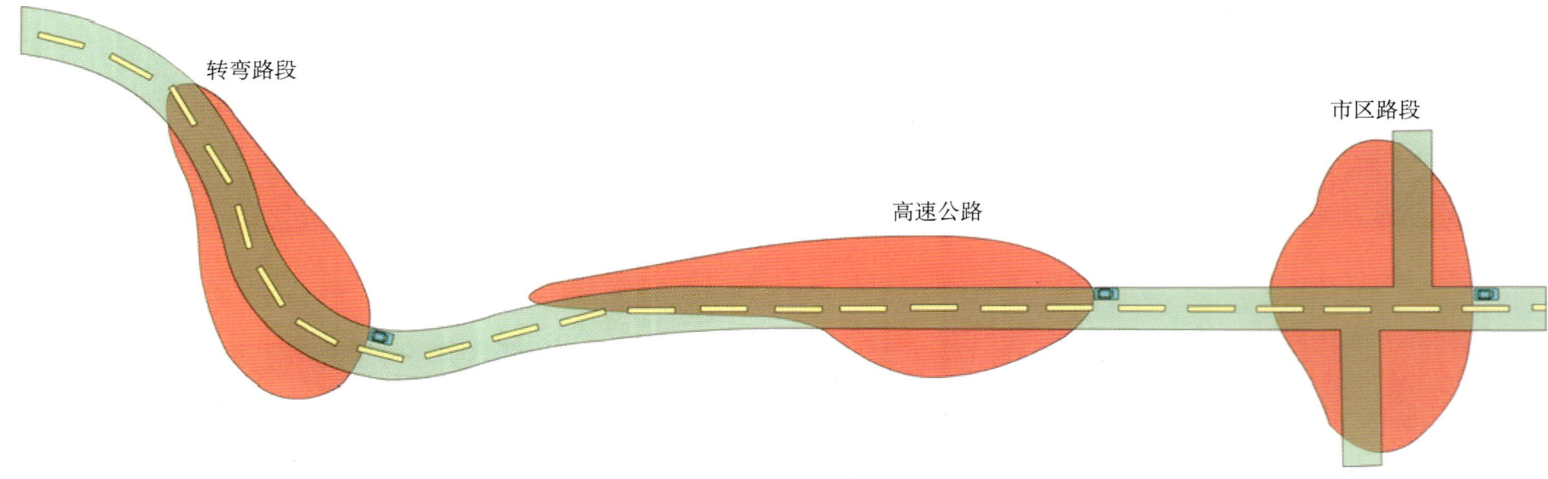

市区路段：市区道路较复杂、狭窄，在车辆行驶速度受到限制的情况下，主动转向大灯产生比较宽阔的光型，可有效避免与岔路中突然出现的行人、车辆发生交通事故。

高速公路：车辆在高速公路上行驶，车速极高，主动转向大灯比在一般道路照得更远，照得更宽，弥补了传统前照灯在高速公路上照明不足的缺陷。

转弯路段：车辆在进入弯道时，主动转向大灯产生旋转的光型，给弯道以足够的照明，避免弯道上存在照明暗区。

为了正确使用车辆并了解其主要部件的工作情况，及时发现和排除可能出现的故障，汽车上装有各种仪表，如机油压力表、水温表、燃油表、车速里程表和转速表等。这些仪表除了结构简单、工作可靠、抗冲击性好外，示数还必须准确。

组合仪表示意图（一）

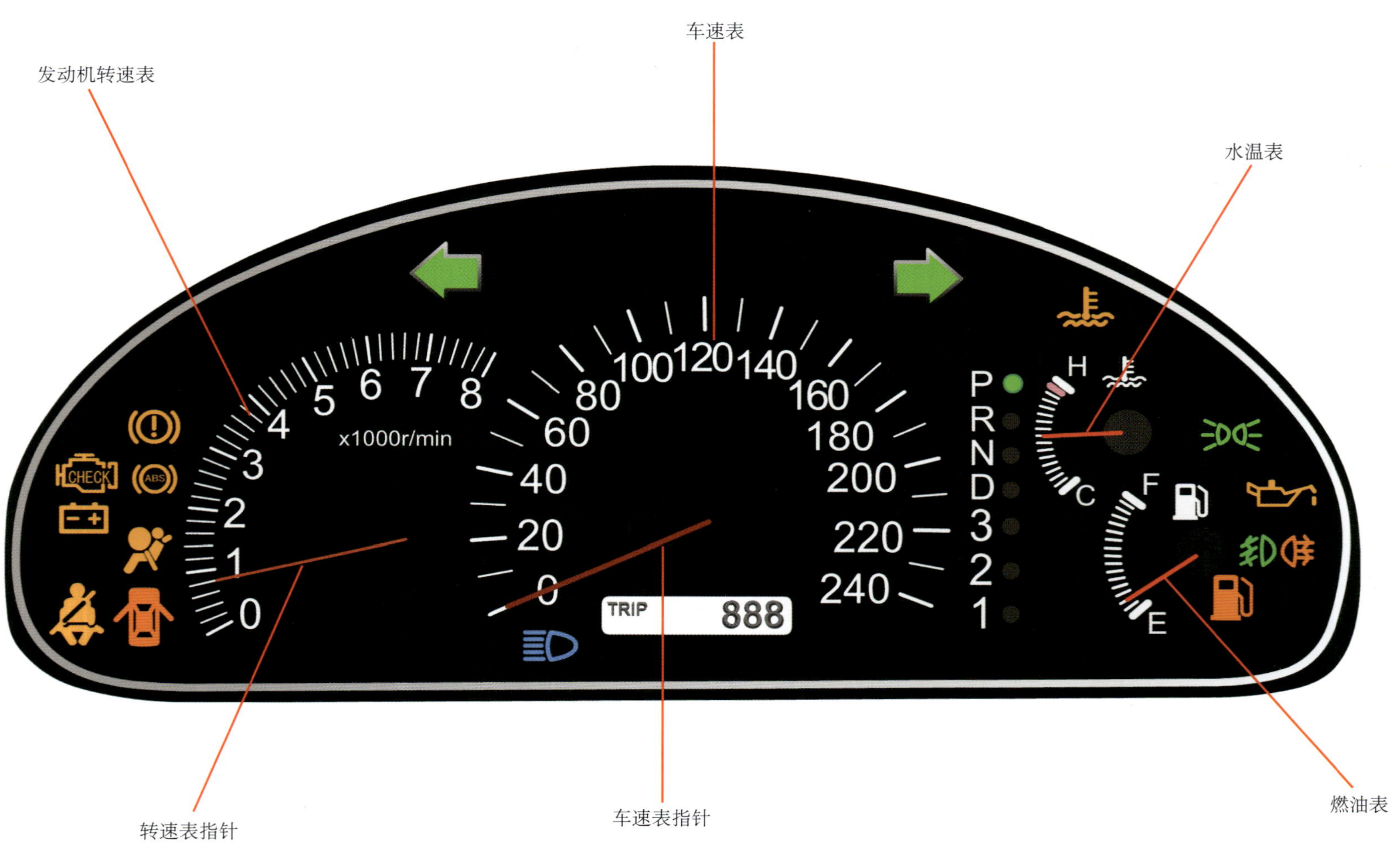

上图所示各仪表用来指示汽车的当前工作状况，如发动机转速、水温、车速、燃油量等。

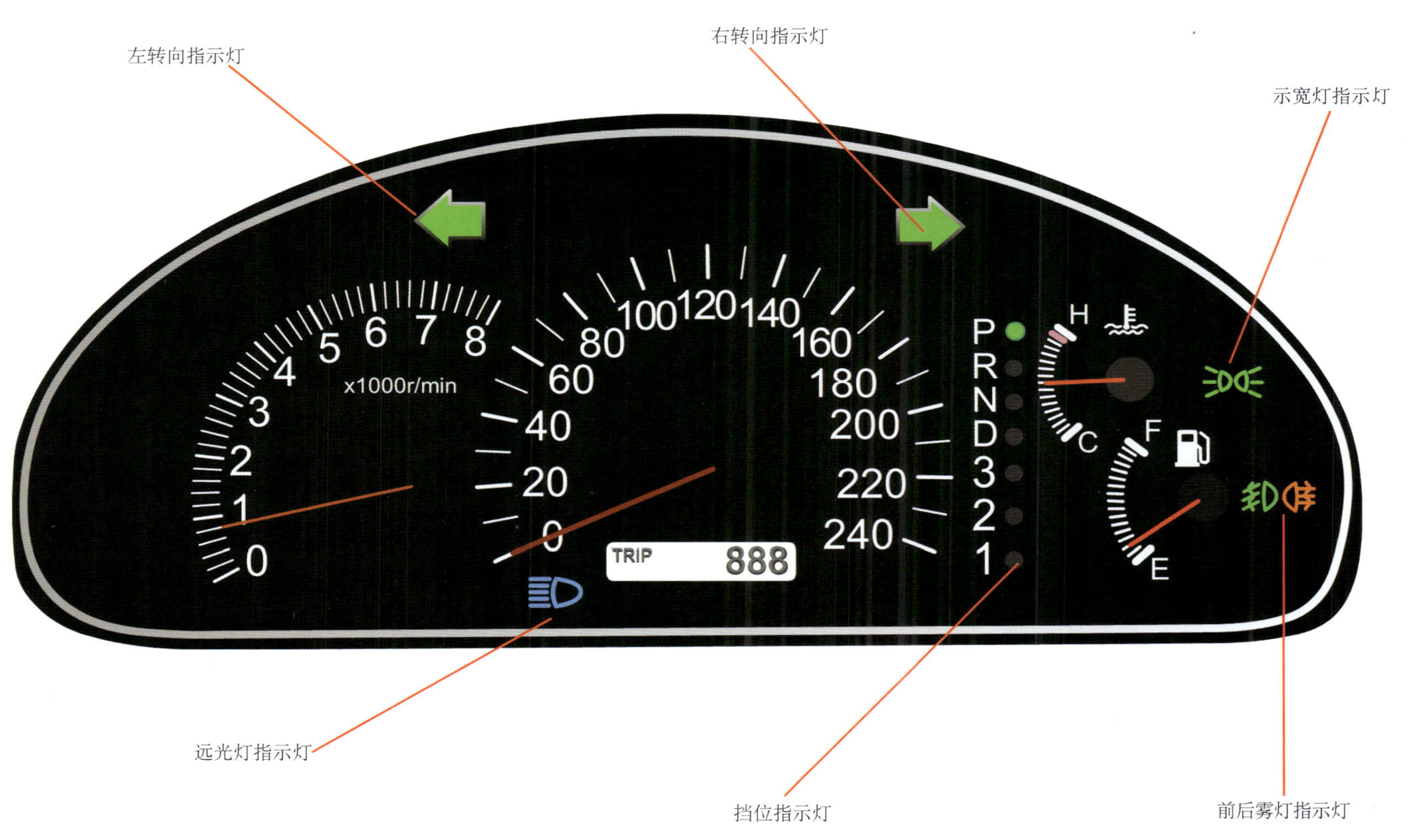

上图所示各仪表是驾驶员当前操作的信号指示灯，如挡位指示灯、转向指示灯等。

组合仪表示意图（三）

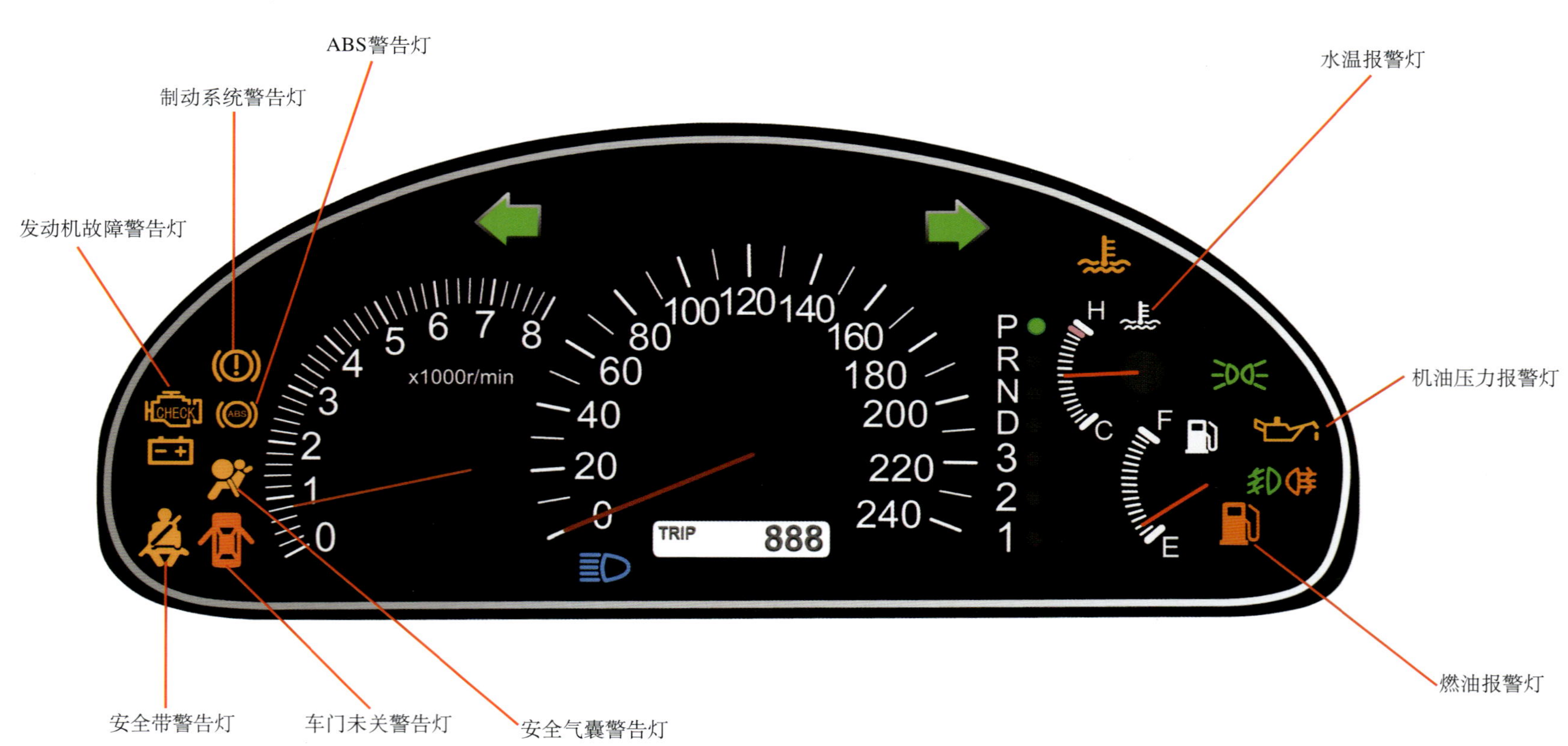

上图所示各仪表可向驾驶员发出车辆当前存在的危险情况警报，如燃油报警、发动机故障、ABS 报警等。

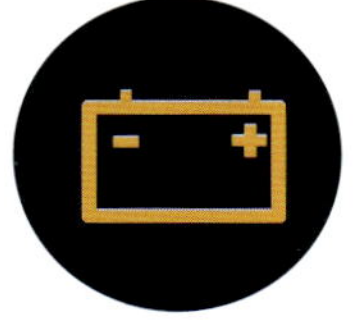
充电指示灯

制动系统警告灯

制动盘指示灯

安全气囊警告灯

安全带警告灯

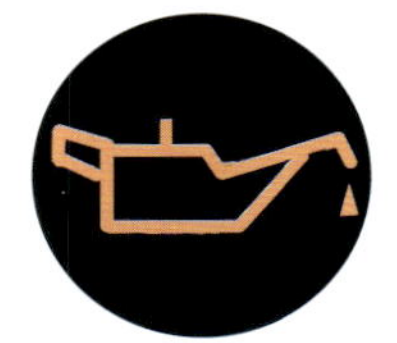
机油压力报警灯

水温报警灯

燃油报警灯

清洗液指示灯

车门未关警告灯

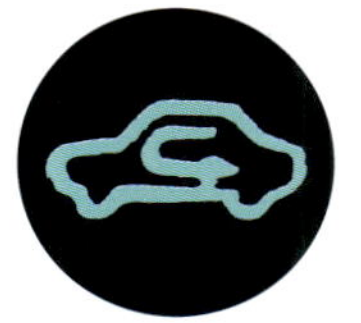
内循环指示灯

电子油门指示灯

发动机故障警告灯

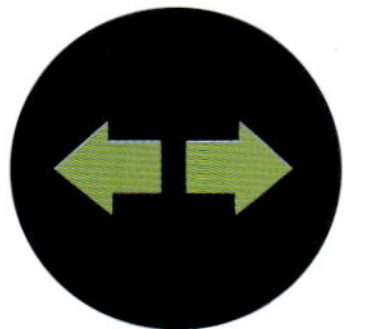
转向指示灯

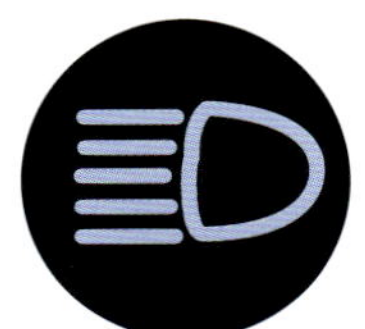
远光灯指示灯

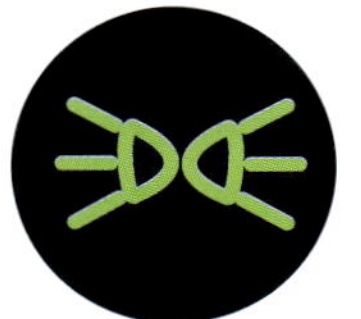
示宽灯指示灯

前后雾灯指示灯

超速挡指示灯

ABS 警告灯

TCS 指示灯

VSC 指示灯

电喇叭图

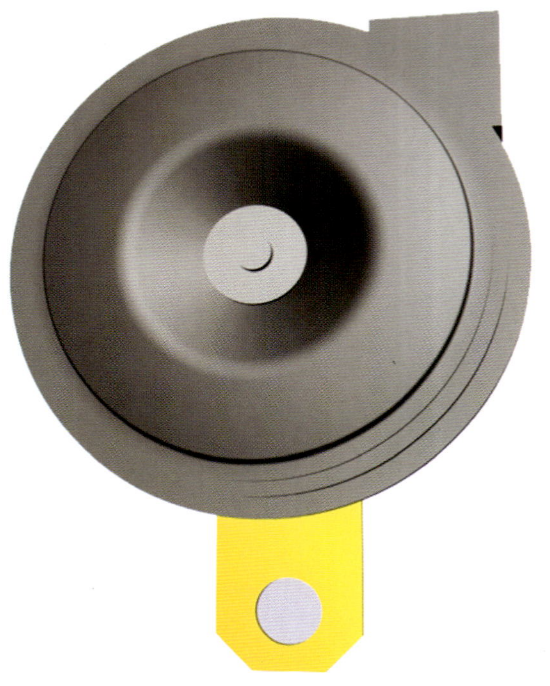

汽车上都装有喇叭，用来警告行人和其他车辆，以引起注意，保证行车安全。盆形电喇叭具有体积小、重量轻、指向好、噪声小等优点。

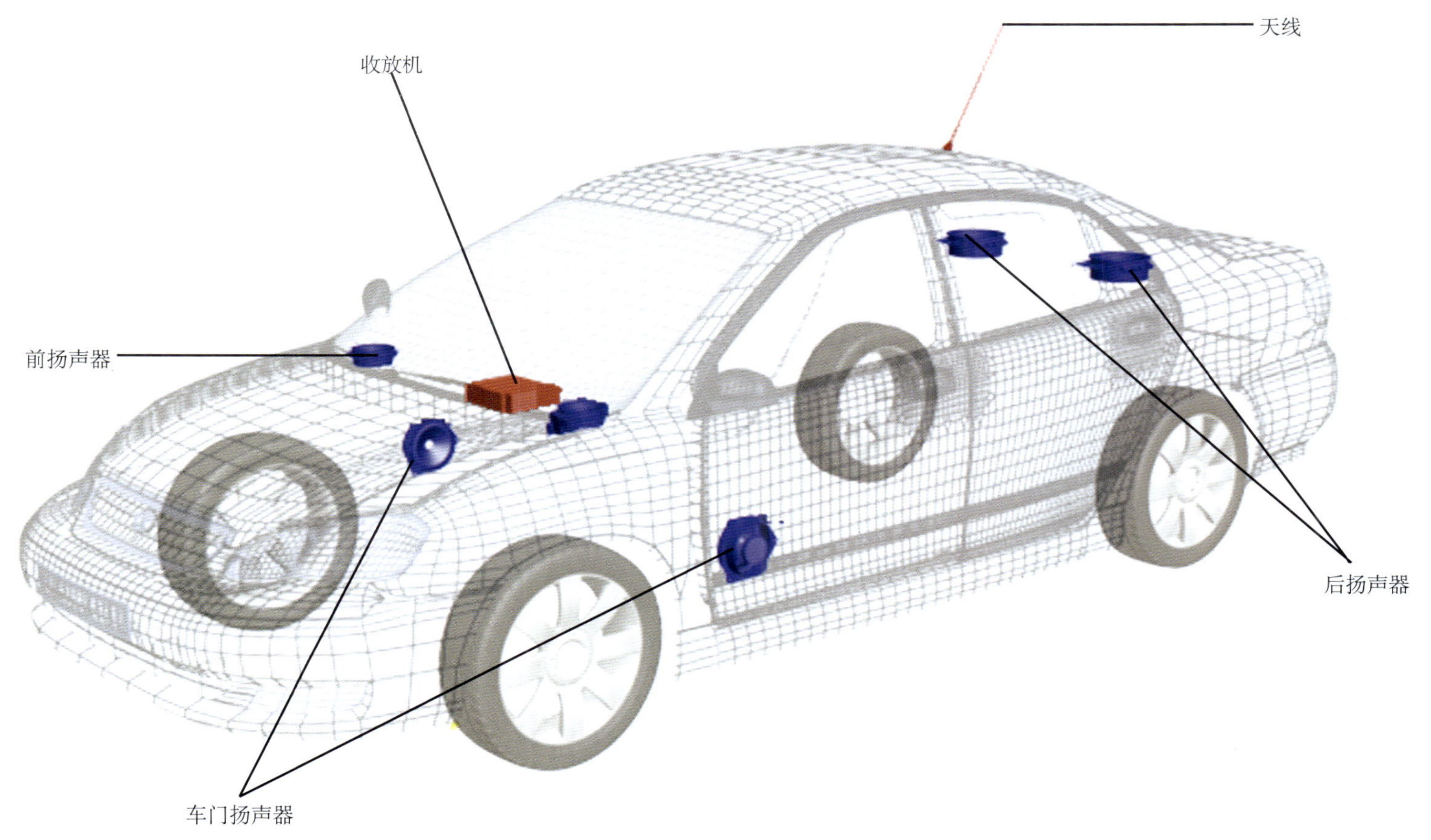

汽车上的音响系统包括收放机、CD 机、电动天线等，可提供娱乐和接收交通信息，也是移动通信的基础。

汽车多媒体图

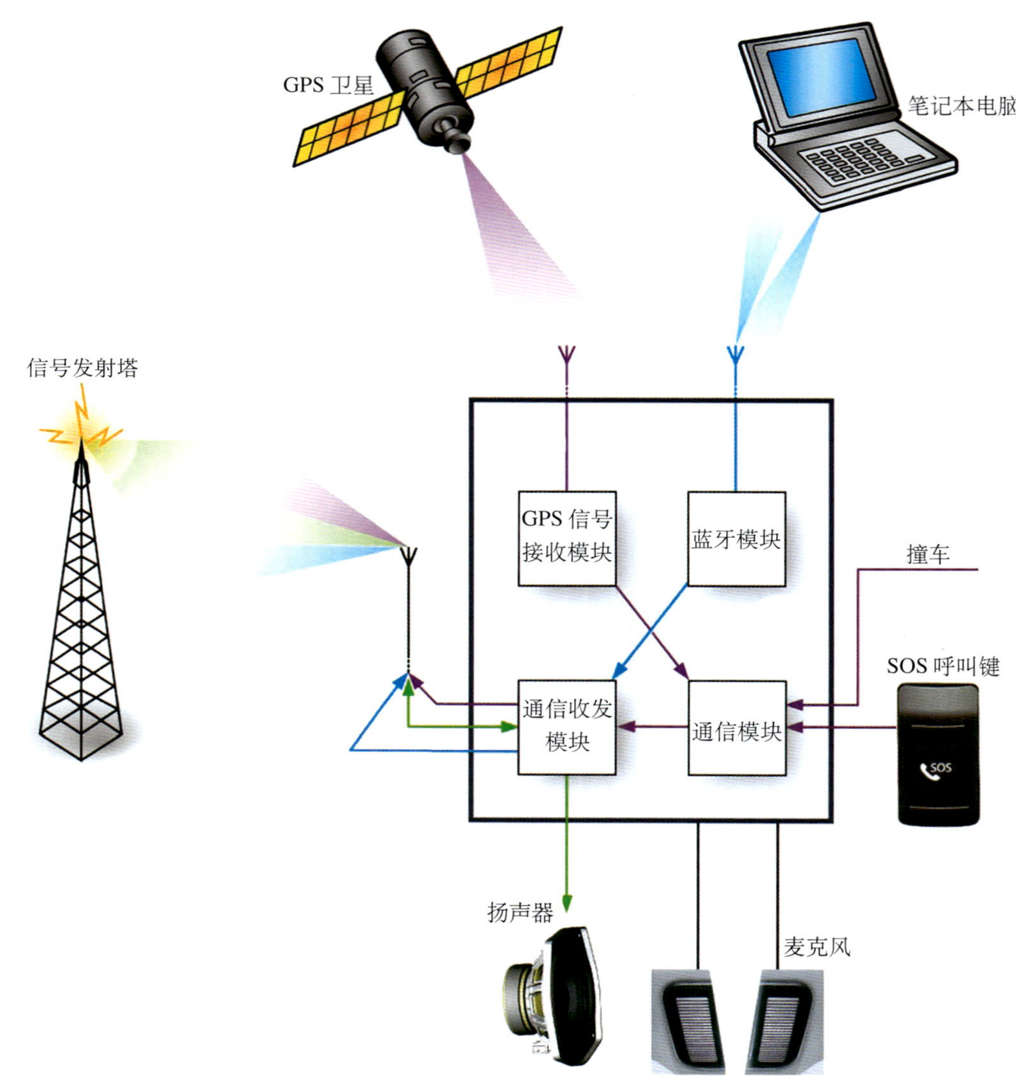

现代汽车多媒体包括GPS导航、Internet、车载免提电话等，在行车的过程中也能和外界时刻保持联系。

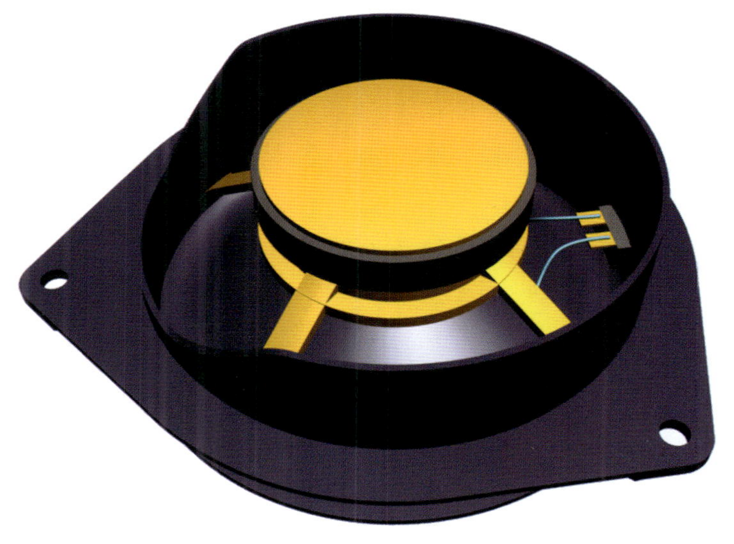

扬声器将放大了的电信号转变成空气振动（声音）。锥形纸盆扬声器是常见的汽车扬声器，由磁回路系统（永磁体、芯柱、导磁板）、振动系统（纸盆、音圈）和支撑辅助系统（定芯支片、盆架、垫边）等三大部分构成。

汽车天线图

汽车天线是拦截发射台发射的高频载波并传输给汽车收音机、车载电话或无线电导航设备的接收机。一般有杆式天线和风窗玻璃天线两种。杆式天线可装于前后翼子板上或车顶后中部；后风窗玻璃天线是将导电漆涂在后窗玻璃上，没有风噪，耐用且不会生锈。

前装 GPS

后装 GPS

GPS 导航仪就是能够帮助用户准确定位，并根据既定的目的地计算行程，通过地图显示和语音提示两种方式引导用户行至目的地的汽车驾驶辅助设备。目前 GPS 设备有前装和后装两类。

GPS 导航原理图

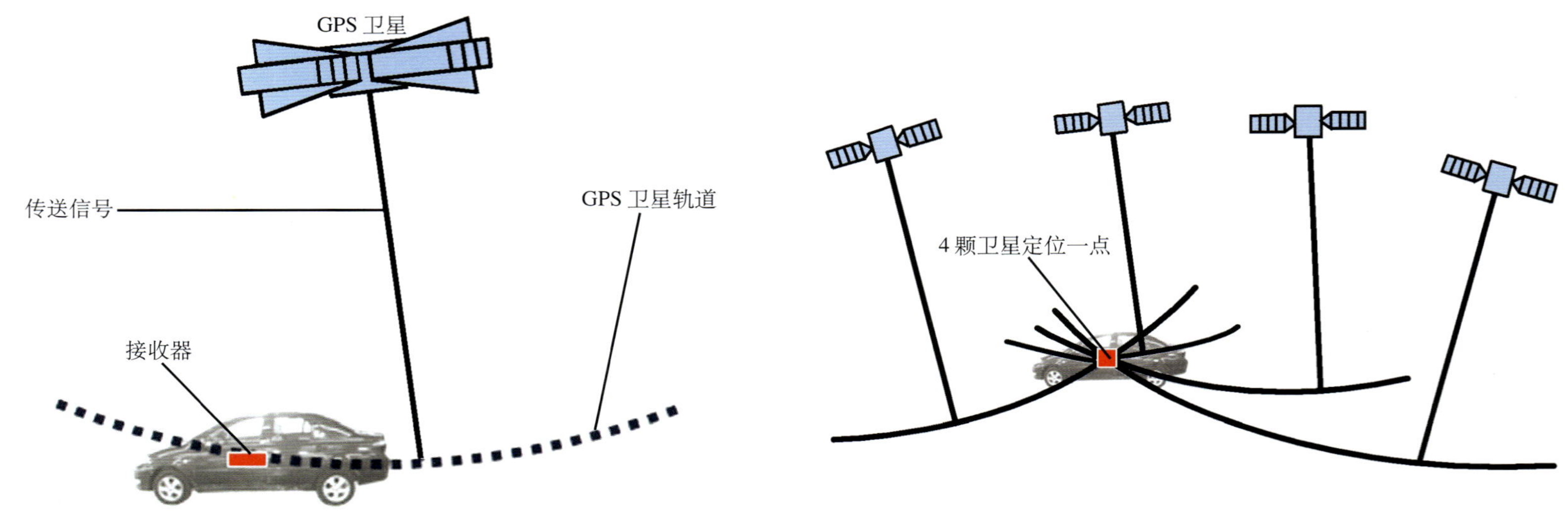

GPS 即全球定位系统（Global Positioning System），由空间卫星、地面监控站和用户接收端设备等三大部分组成。空间卫星有覆盖全球的 24 颗卫星，在任意时刻，地球上任意一点都可以同时观测到 4 颗卫星，以保证卫星可以采集到该观测点的经纬度和高度。地面监控站对卫星监视、遥测、跟踪和控制，计算出每颗卫星每一时刻的精确位置，并传送到卫星上去，卫星再将这些数据通过无线电波发射至用户接收端设备，实现导航、定位、授时等功能。

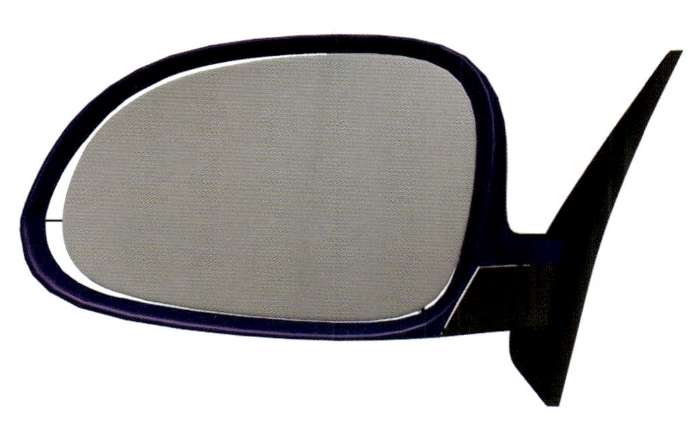
车外后视镜

车内后视镜

汽车后视镜也称为倒车镜，通常分为车外后视镜和车内后视镜两种。车外后视镜一般左右两侧都有，其功能主要是让驾驶员观察汽车左右两侧的行人、车辆以及其他障碍物的情况，确保行车和倒车安全。

电动后视镜结构图

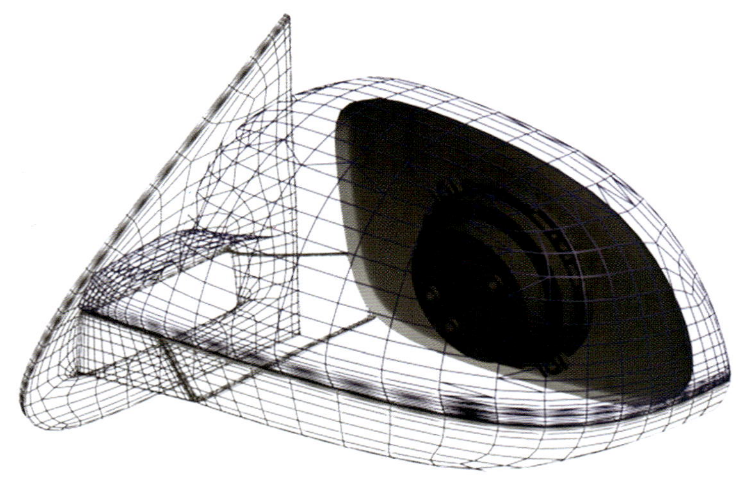

后视镜结构图

后视镜开关

电动后视镜一般由镜片、驱动电动机、控制电路及操纵开关等组成。在每个后视镜镜片的背面都有两个可逆电动机，其中一个使后视镜作上下运动或转动，另一个使后视镜作水平方向的倾斜运动。

防眩目后视镜镜片

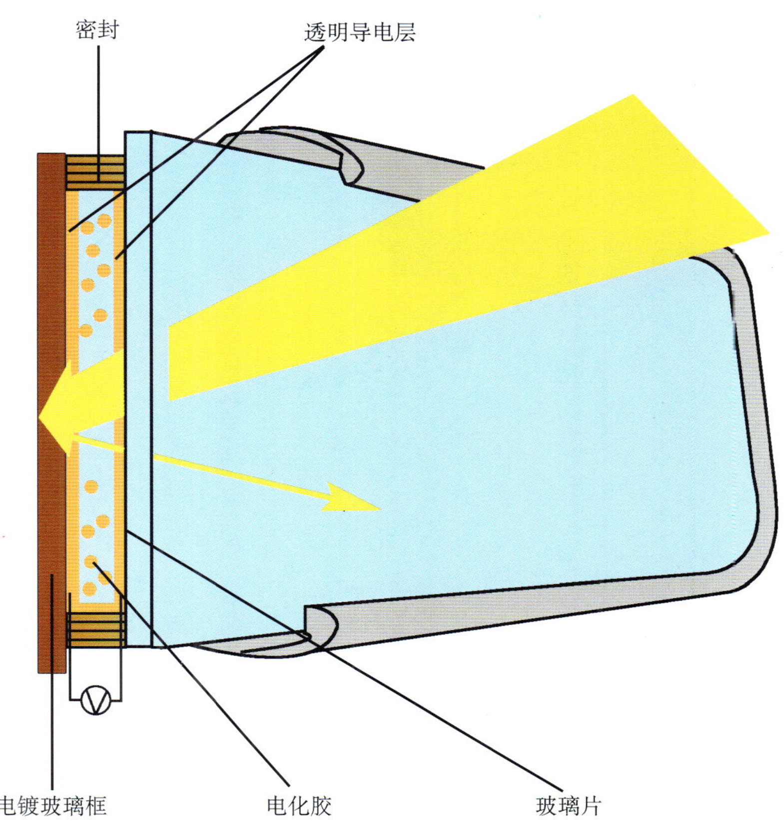

防眩目后视镜结构

当车后汽车强光照射到防眩目后视镜上时，后视镜镜面变色，吸收强光，削减强光的反射，避免反射的强光正好照到驾驶员的眼睛上，防止产生眩光。

电动后视镜导线导通性检测图

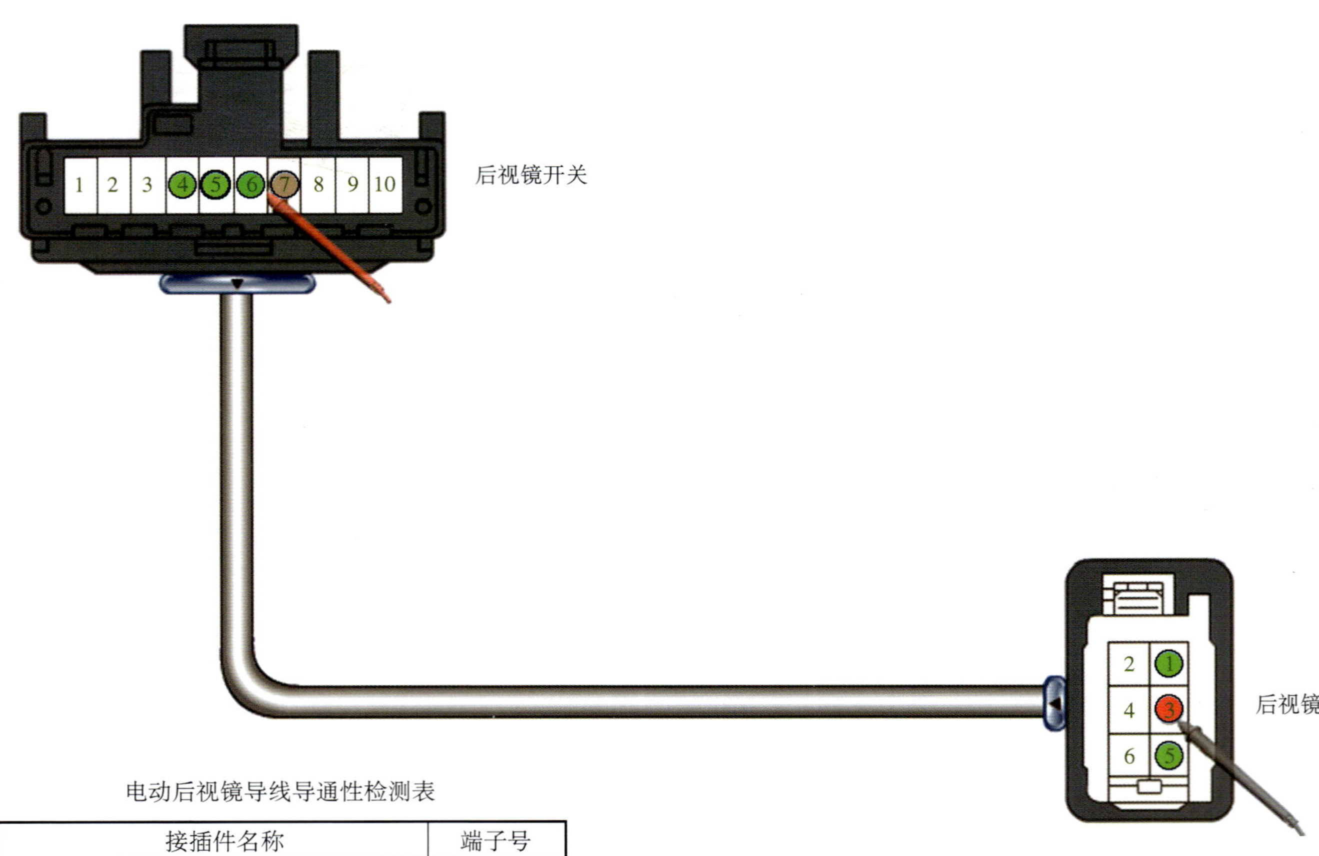

电动后视镜导线导通性检测表

接插件名称		端子号
后视镜开关	左侧后视镜	5 － 1
后视镜开关	左侧后视镜	4 － 5
后视镜开关	左侧后视镜	6 － 3
后视镜开关	右侧后视镜	2 － 1
后视镜开关	右侧后视镜	3 － 5
后视镜开关	右侧后视镜	6 － 3
后视镜开关		7 －搭铁

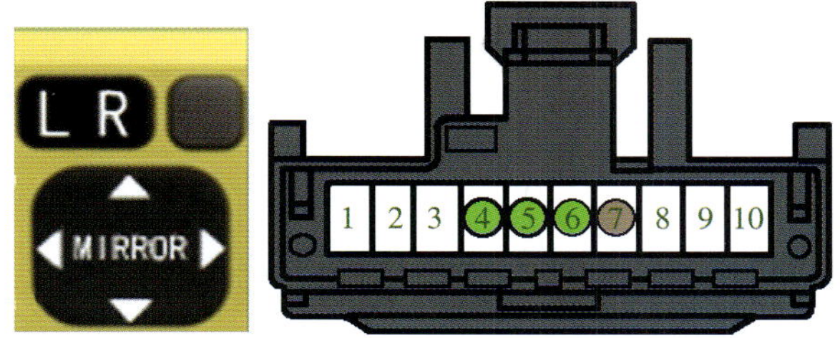

电动后视镜开关及接插件

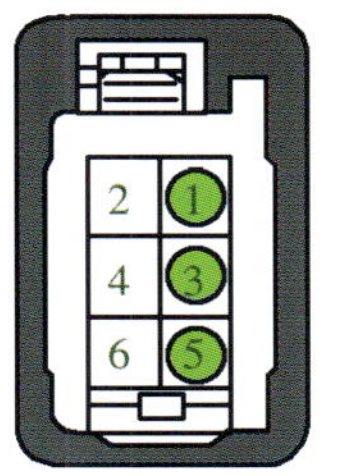

后视镜电动机插件

L/R 调整开关在左侧(L)

测试端子	后视镜开关位置	标注值
所有端子间	OFF	不导通
4 – 8	UP	导通
6 – 7		导通
4 – 7	DOWN	导通
6 – 8		导通
5 – 8	LEFT	导通
6 – 7		导通
5 – 7	RIGHT	导通
6 – 8		导通

L/R 调整开关在右侧(R)

测试端子	后视镜开关位置	标注值
所有端子间	OFF	不导通
3 – 8	UP	导通
6 – 7		导通
3 – 7	DOWN	导通
6 – 8		导通
2 – 8	LEFT	导通
6 – 7		导通
2 – 7	RIGHT	导通
6 – 8		导通

后视镜电动机检测

测试条件	正常状态
5 – 电源	后视镜向上转动
4 – 搭铁	
4 – 电源	后视镜向下转动
5 – 搭铁	
3 – 电源	后视镜向左转动
4 – 搭铁	
4 – 电源	后视镜向右转动
3 – 搭铁	

电动门锁图

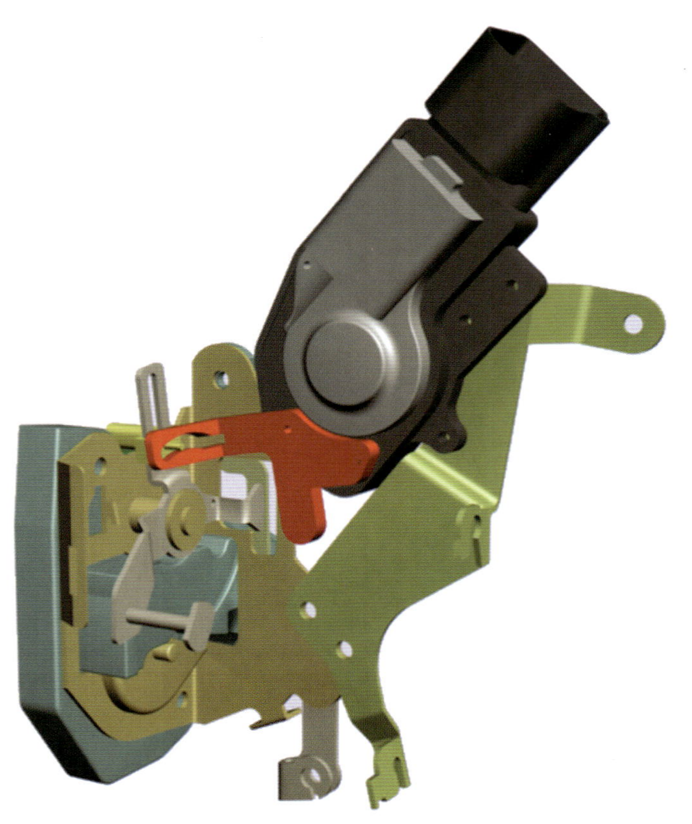

中控门锁机构

中央门锁开关

电动门锁主要由门锁、控制执行元件、联动机构、门锁控制开关、门锁控制继电器等组成。当按下（或拉开）驾驶员座位锁扣时，其他几个车门和行李舱门都能自动锁定（或打开）。如果用钥匙锁门（或开门）还能同时锁好（或打开）其他车门和行李舱门。如果在车内打开个别车门时可分别拉开各自的锁扣。

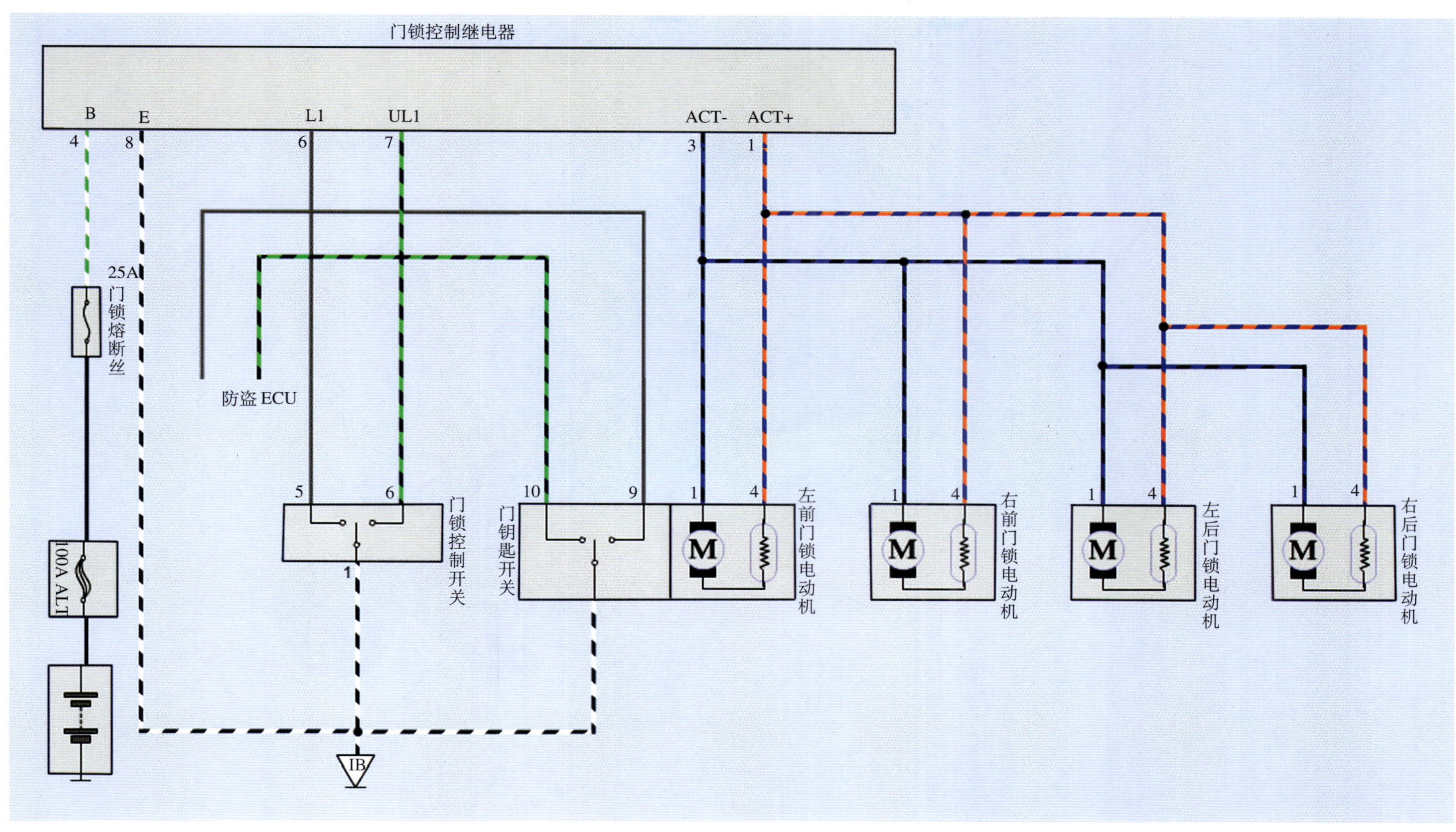
门锁控制继电器
B
E
L1
UL1
ACT-
ACT+
4
8
6
7
3
1
25A
门锁熔断丝
防盗 ECU
100A ALT
5
6
门锁控制开关
1
IB
10
9
门钥匙开关
1
4
左前门锁电动机
M
1
4
右前门锁电动机
M
1
4
左后门锁电动机
M
1
4
右后门锁电动机
M

电动摇窗机图

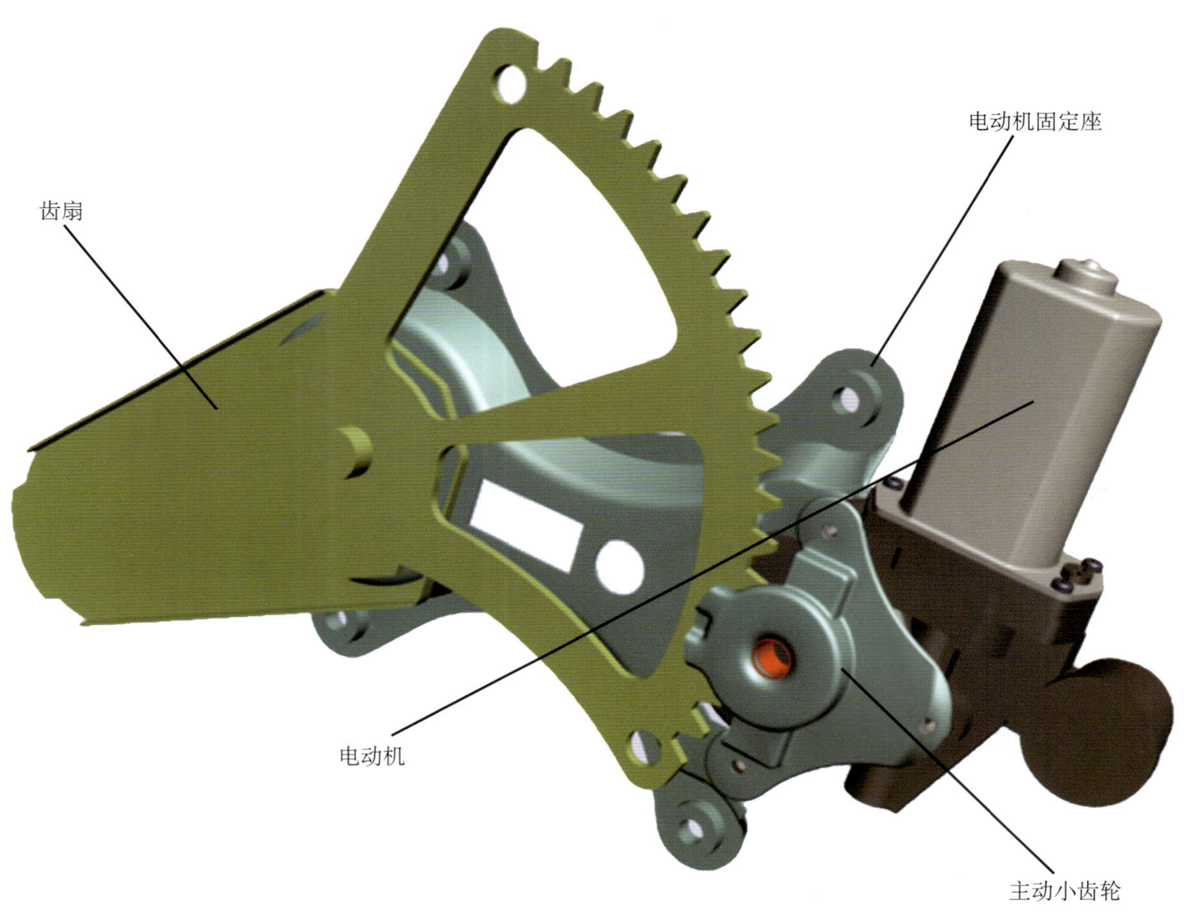

电动车窗通过齿扇式车窗升降机构来实现换向作用，把电动机的旋转通过齿扇变成上下运动，实现车窗的上升和下降。

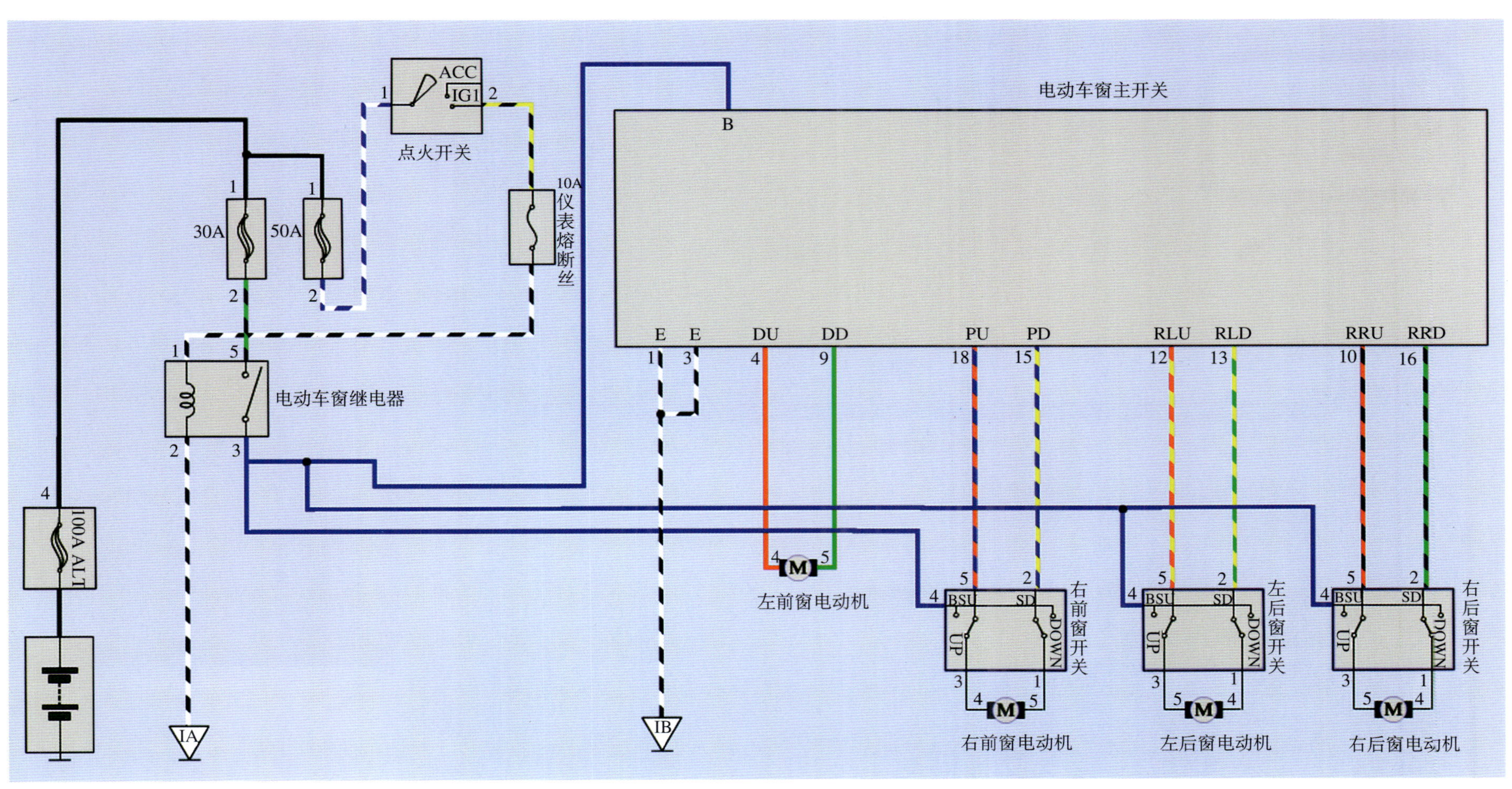

电动车窗主开关
ACC
IG1
点火开关
10A
仪表熔断丝
30A
50A
电动车窗继电器
100A ALT
B
E
E
DU
DD
PU
PD
RLU
RLD
RRU
RRD
左前窗电动机
右前窗开关
左后窗开关
右后窗开关
BSU
SD
UP
DOWN
右前窗电动机
左后窗电动机
右后窗电动机
IA
IB

电动车窗导线导通性检测图

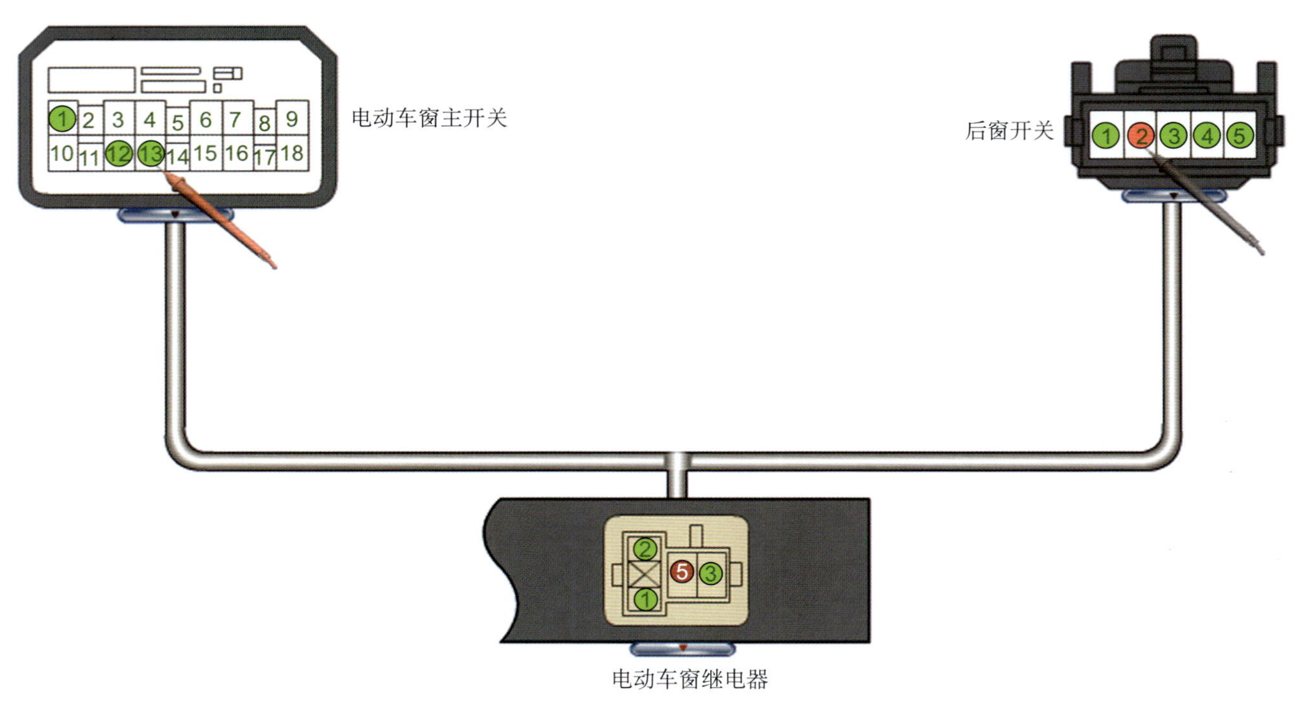

电动车窗导线导通性检测表

接插件名称		端子号
电动车窗主开关	右前窗开关	18 － 5
电动车窗主开关	右前窗开关	15 － 2
电动车窗主开关	左后窗开关	12 － 5
电动车窗主开关	左后窗开关	13 － 2
电动车窗主开关	右后窗开关	10 － 5
电动车窗主开关	右后窗开关	16 － 2
电动车窗主开关		1、3 －搭铁
电动车窗继电器	窗开关	3 － 4

电动车窗开关接插件

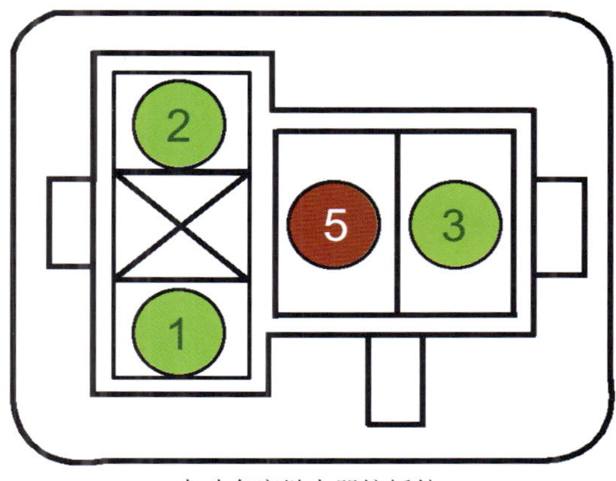

电动车窗继电器接插件

电动车窗开关导通性检测表

测试端子	电动车窗开关位置	标注值
1 − 2	UP	导通
3 − 4		导通
1 − 2	OFF	导通
3 − 5		导通
1 − 4	DOWN	导通
3 − 5		导通

电动车窗继电器导通性检测表

测试端子	测试条件	标注值
1 − 2	−	电阻值 62.5～90.9 Ω
3 − 5	−	不导通
3 − 5	蓄电池电压施加在端子 1 与 2 间	导通

说明：电动继电器端子 1 与 2 间电阻应为 62.5~90.9 Ω，端子 3 与 5 应不导通；将蓄电池电压施加在端子 1 与 2 间，端子 3 与 5 应导通。

电动天窗图

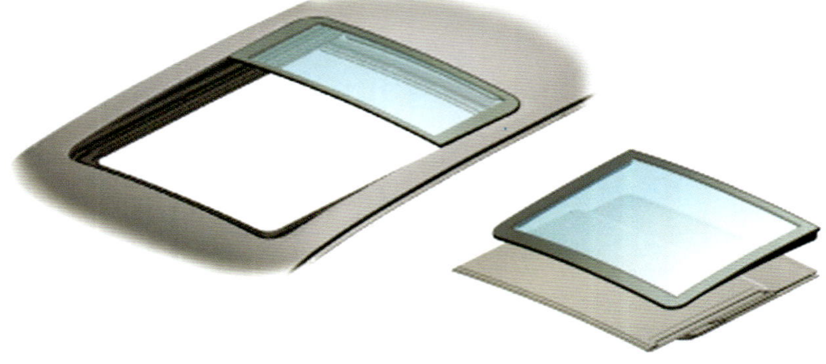

滑动式开启，天窗向后平移，适合低速行驶时通风

倾斜式开启，天窗前端固定，后端倾斜上翘，适合高速行驶中的加强通风

电动天窗主要由滑动机构、驱动机构、控制系统和开关组成。驾驶员可通过操作开关打开汽车天窗，获得更好的采光和通风。

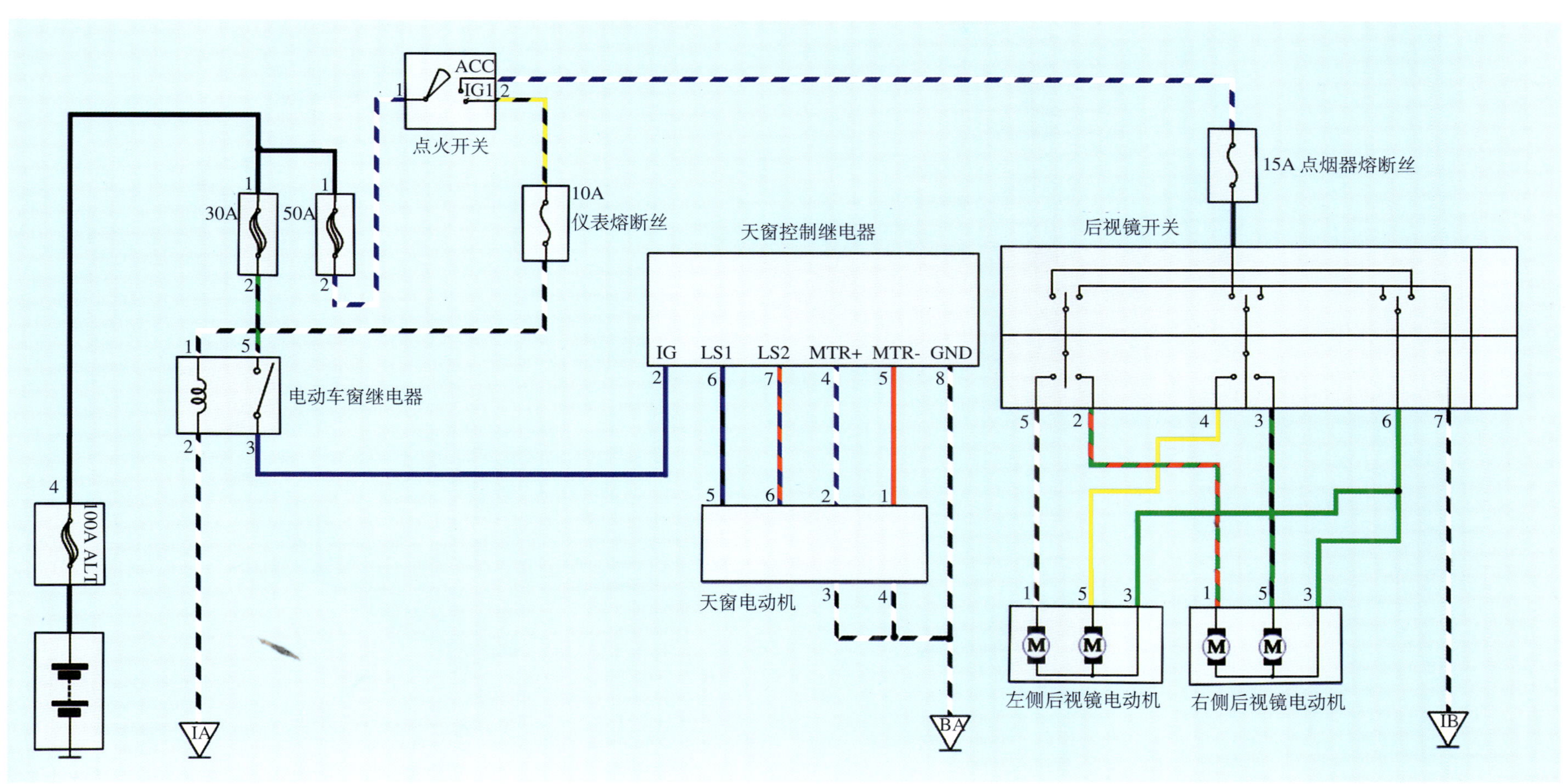
ACC
IG1
1
2
点火开关
15A 点烟器熔断丝
10A
仪表熔断丝
30A
50A
天窗控制继电器
后视镜开关
电动车窗继电器
IG
LS1
LS2
MTR+
MTR-
GND
100A ALT
天窗电动机
左侧后视镜电动机
右侧后视镜电动机
IA
BA
IB

电动座椅图

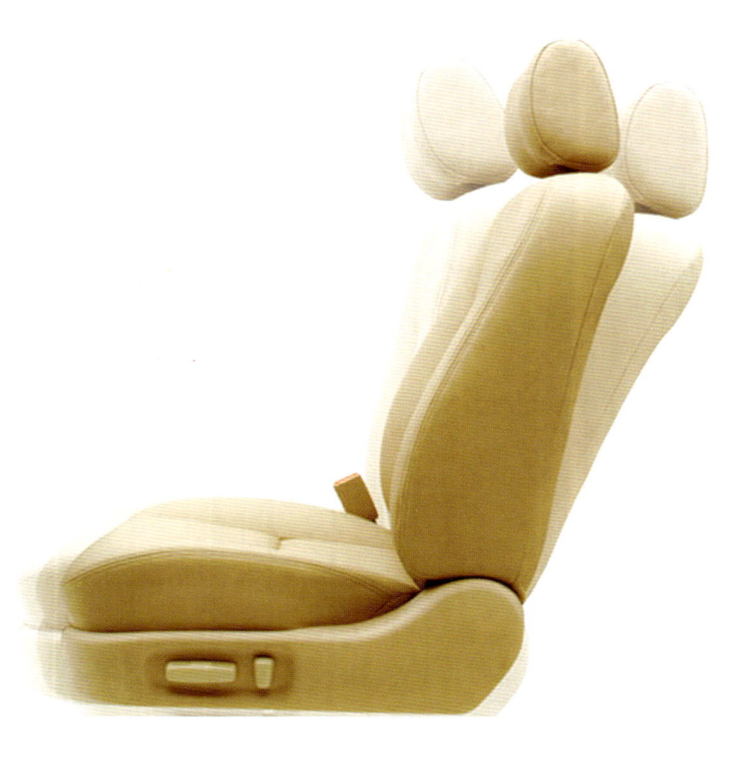

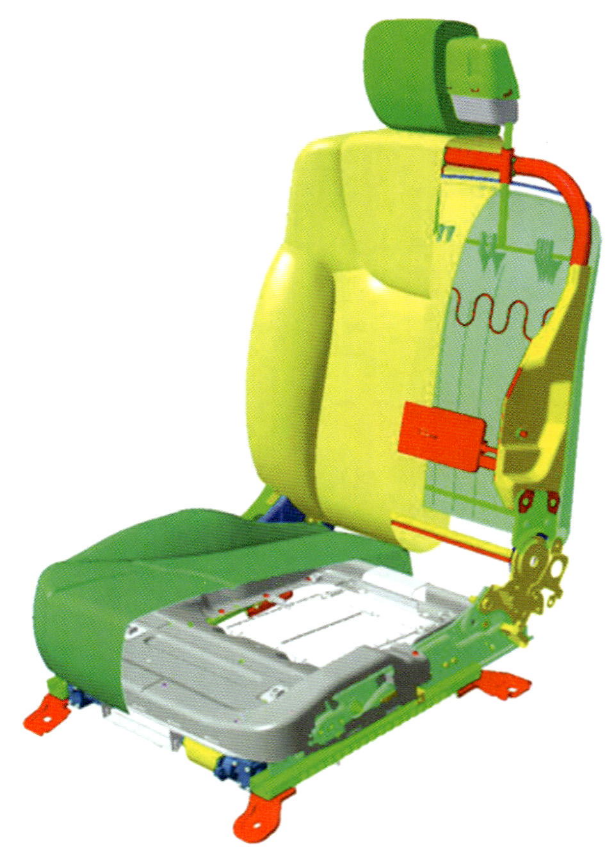

电动座椅由坐垫、靠背、靠枕、骨架、悬挂和调节机构等组成，其中调节机构由控制器、可逆性直流电动机和传动部件组成，可调节座椅前后滑动、前端升降、后端升降、靠背角度、头枕前后等行程。

辅助倒车系统是安全辅助装置，能以声音或者更为直观的显示告知驾驶员周围障碍物的情况，解除了驾驶员泊车、倒车和起动车辆时前后左右探视所引起的困扰，并帮助驾驶员扫除视野死角，提高驾驶的安全性。

倒车雷达图

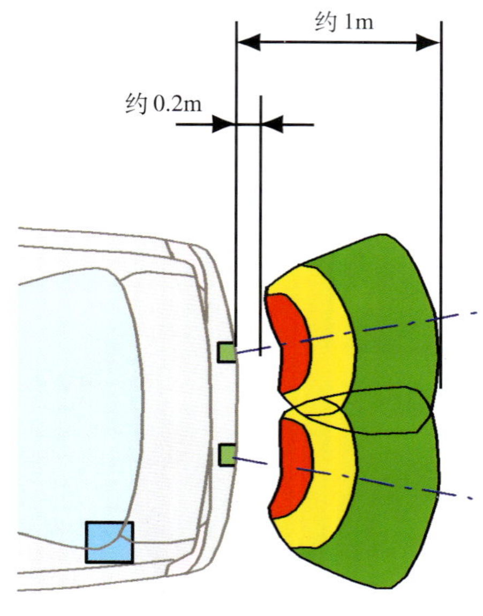

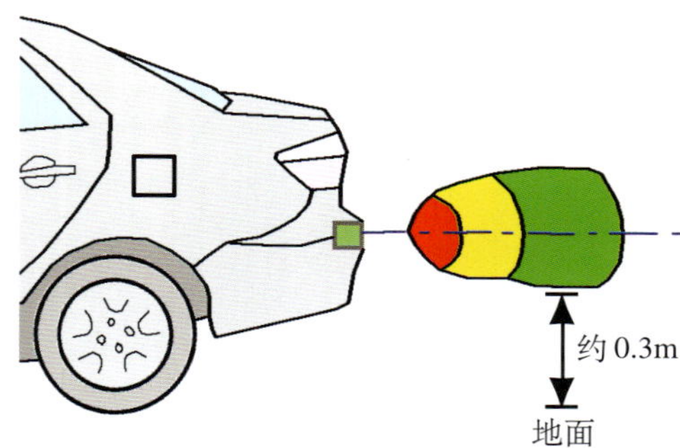

倒车雷达的原理是在车的后保险杠装上雷达侦测器，以超音波感应器来探测出距离车辆最近的障碍物，并发出警笛声来警告驾驶者。当车辆的距离达到某一开始侦测的距离时，警笛开始以某一高频音鸣响，而当车行至更近的某一距离时，则变为连续的警笛声。

可避障碍物

不可避障碍物

汽车泊车或者倒车时的安全辅助装置，由超声波传感器、控制器和显示器（或蜂鸣器）等部分组成。运用超声波测距原理，计算出车体与障碍物之间的距离，判断出障碍物的位置，再由显示器显示距离并发出提示信号，指示驾驶员旋转转向盘避让障碍物或不能避让。

辅助泊车结构图

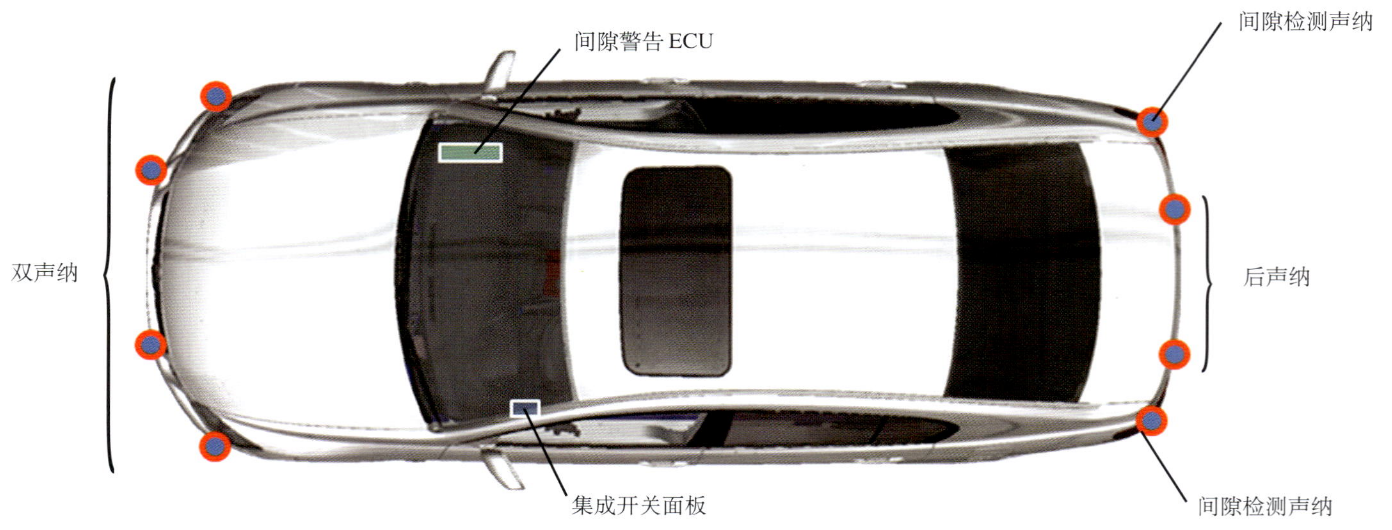

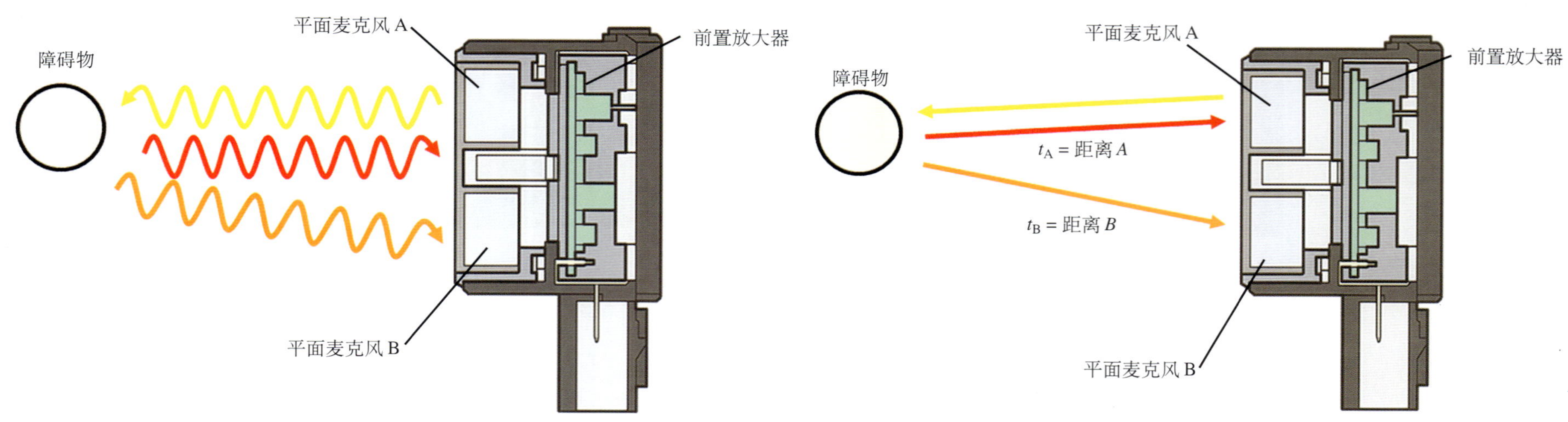

双声纳：检测障碍物的距离、角度及方向

通过麦克风A与B接收声波信号的差别，计算得出障碍物的距离与角度

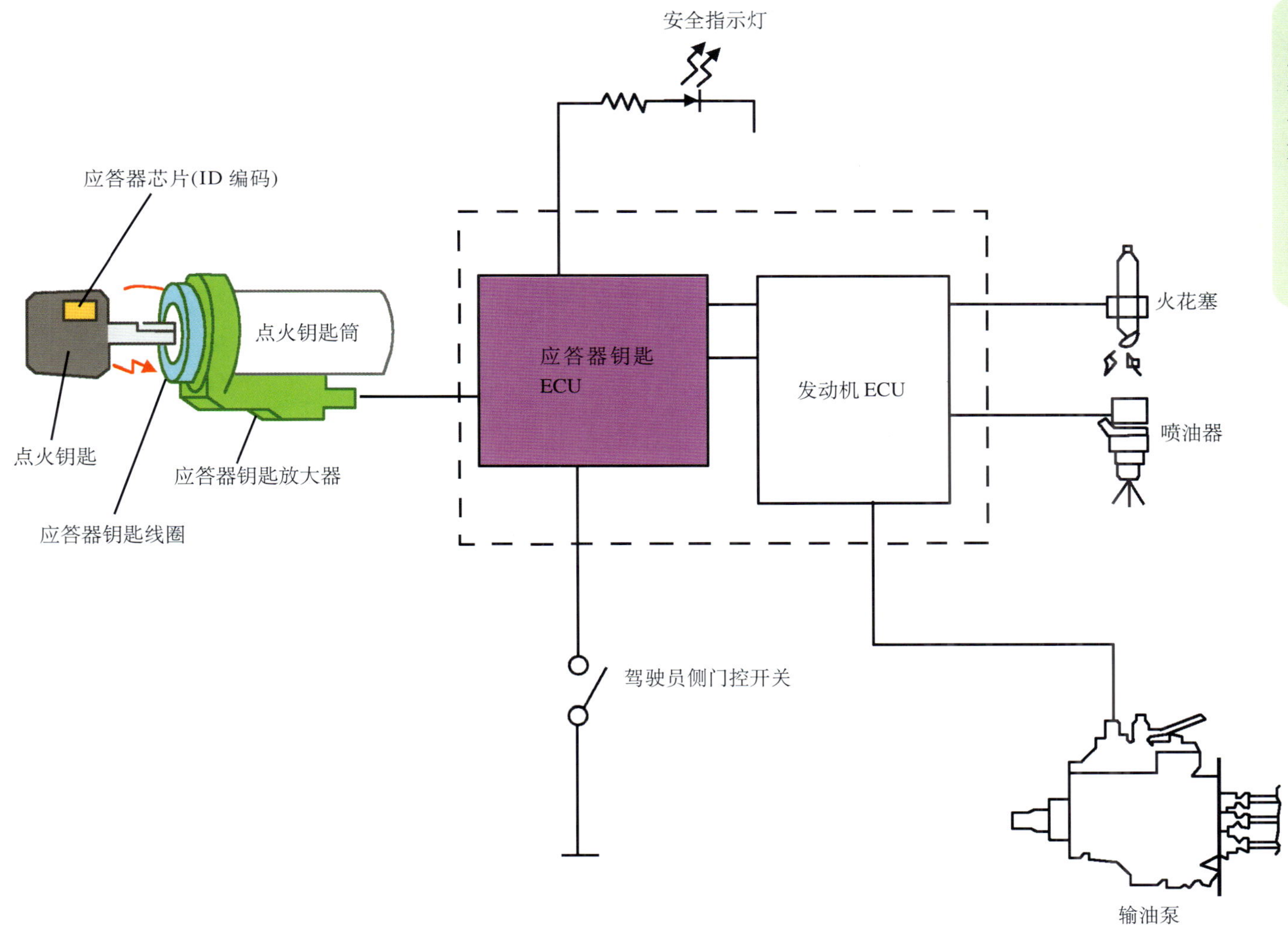

发动机锁定器系统由应答器芯片、应答器钥匙线圈、应答器钥匙放大器、应答器钥匙ECU、发动机ECU等组成，是一种车辆防盗系统。除了用已注册的有ID代码的钥匙外，用其他任何钥匙时，此系统禁止发动机起动和燃油喷射。

发动机锁定器系统被设置后，安全指示灯闪光，指示系统已被设置。

汽车防盗系统图

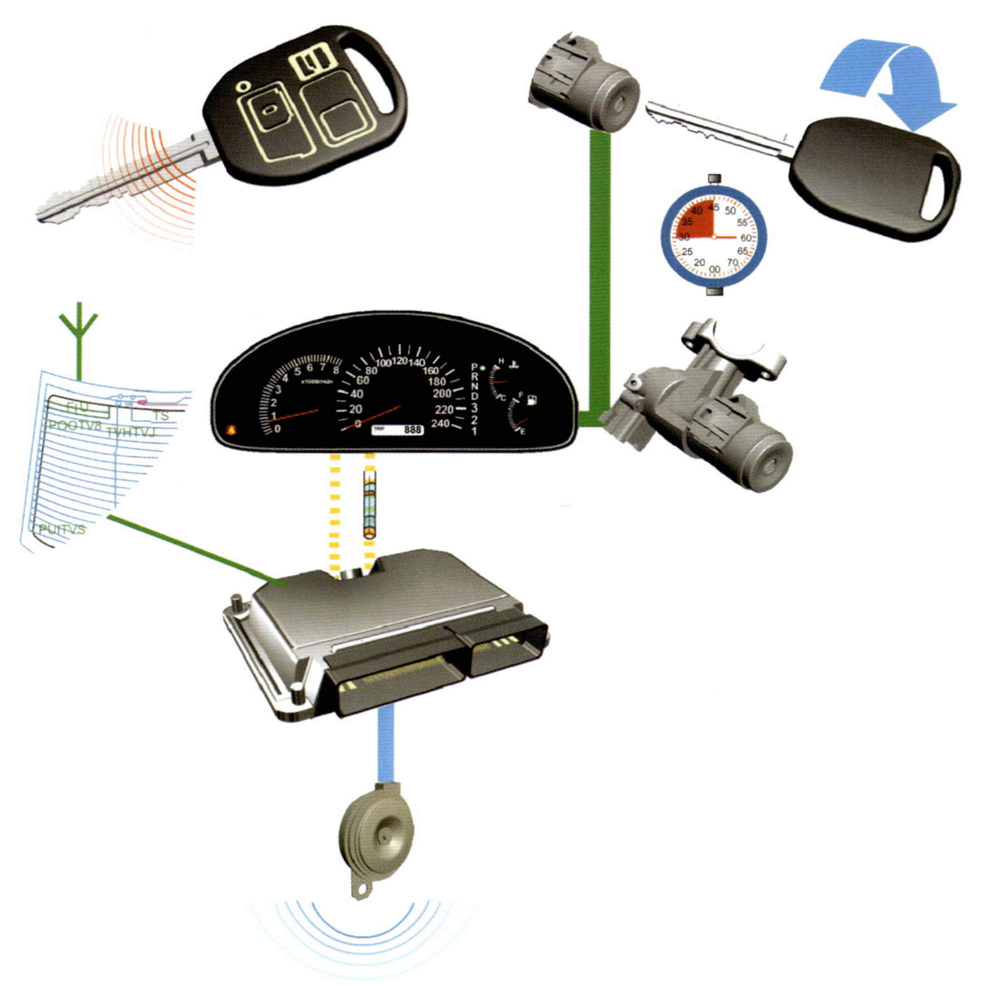

汽车防盗系统主要由防盗控制器、感应侦测装置、门控装置、警报装置组成。在所有车门均锁上后，如果任何车门和罩盖被强制打开，或者蓄电池的端子被断开后重新连上，警报装置立即使喇叭发声并使前照灯、尾灯和其他外部灯光闪烁。

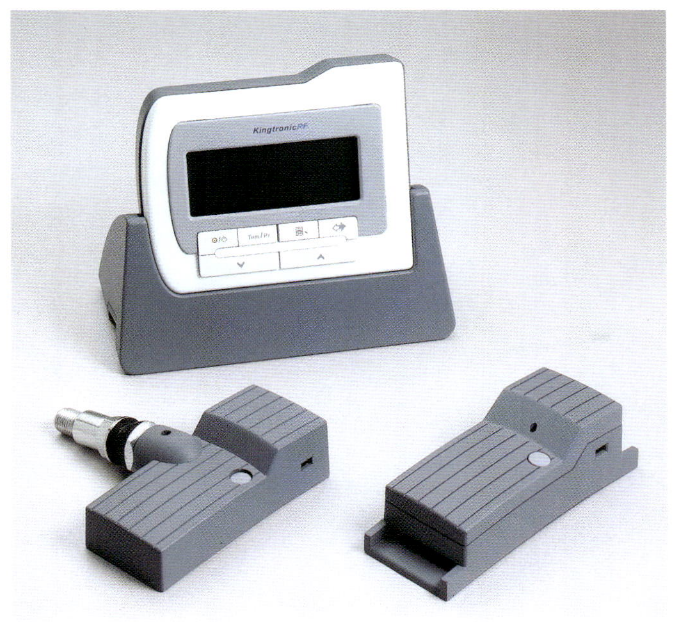

轮胎压力监测系统接收器、感应器、发射器模块

轮胎内的感应器、发射器模块

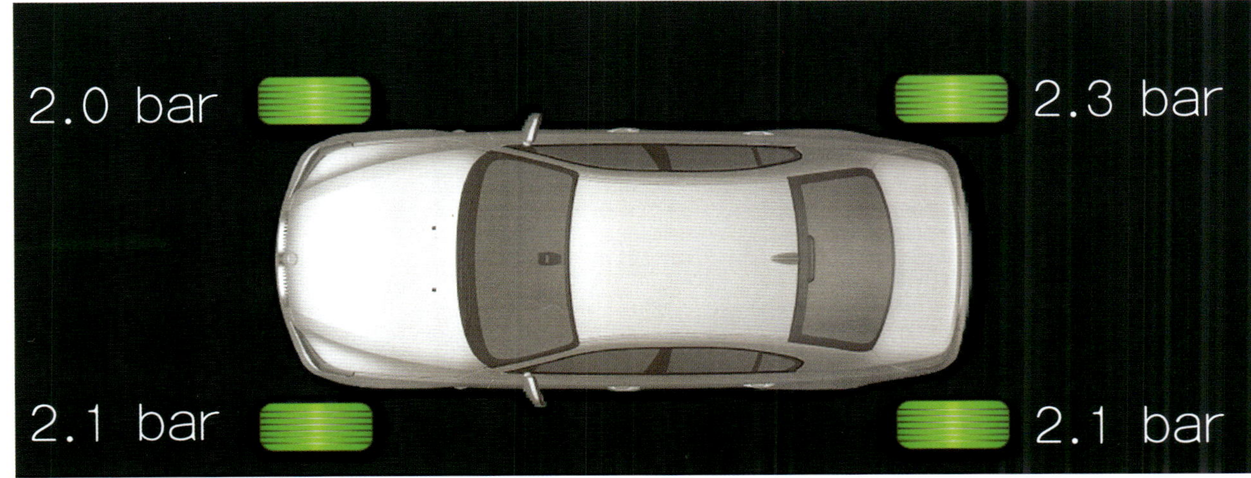

各轮胎气压实时显示（注：1bar=10^5Pa）

轮胎压力监测系统利用安装在每一个轮胎里的压力传感器来直接测量轮胎的气压，通过无线发射器将压力信息从轮胎内部发送到中央接收器模块上的系统，然后对各轮胎气压数据进行显示，对轮胎漏气和低气压进行报警，以确保行车安全。

安全气囊作用图

安全气囊是一种被动安全装置。当汽车发生碰撞时，汽车瞬间停止运动，而车内乘员在惯性作用下仍要继续向原来的方向运动，此时，装在车内的安全气囊弹出，可以有效减轻乘员头部的受伤，更均匀地分散头、胸的碰撞力，吸收乘员的运动能量，起到对乘员的积极保护作用。

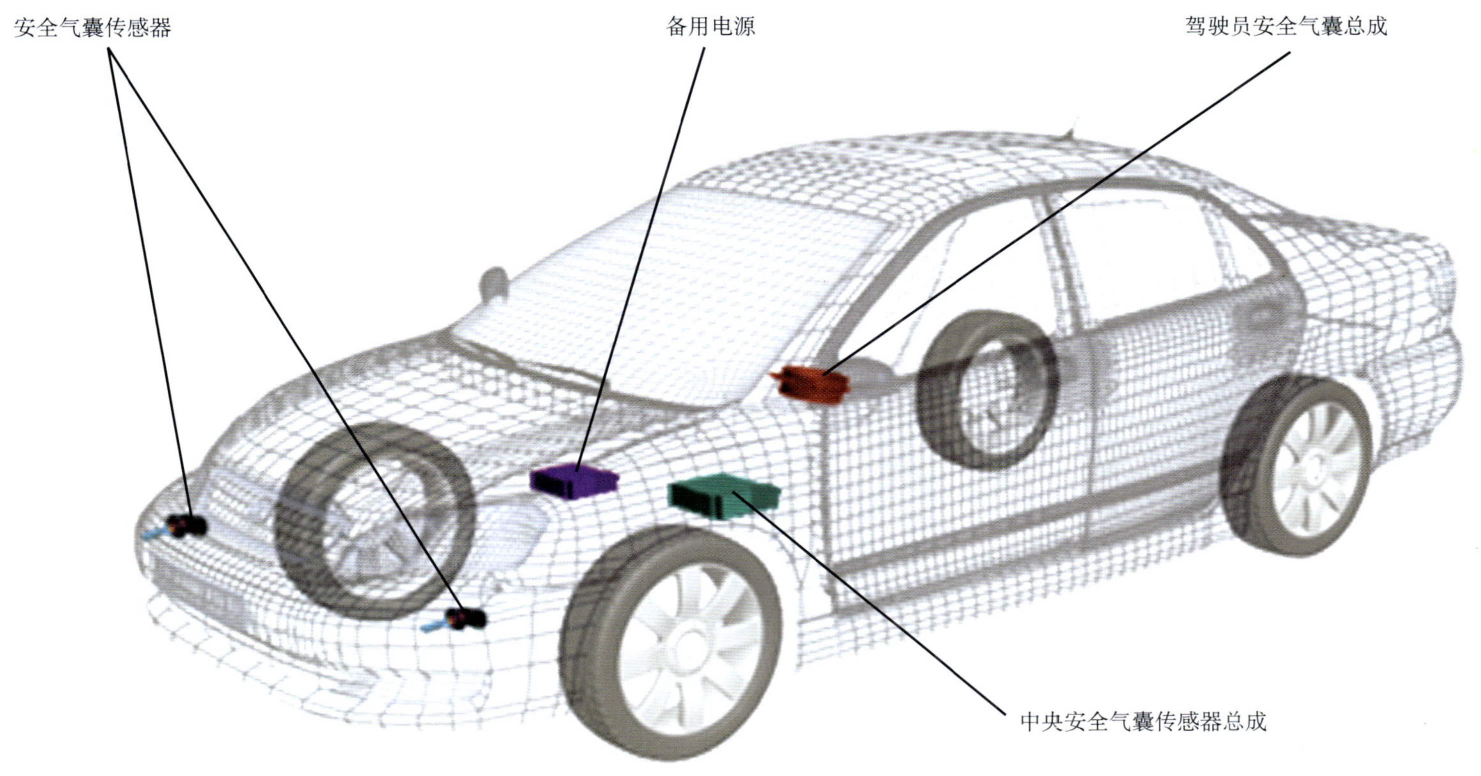

安全气囊系统主要由传感器、控制器、气体发生器和气囊组成。其工作原理为：传感器感受汽车碰撞强度并将其传给控制器，当控制器判断有必要打开气囊时，立即发出点火信号触发气体发生器，气体发生器点火后迅速产生大量气体，展开一个充满气体的气囊。

前安全气囊图

前安全气囊分为驾驶员安全气囊和前排乘员安全气囊两种，驾驶员安全气囊安装在转向盘上，前排乘员安全气囊安装在仪表台上。

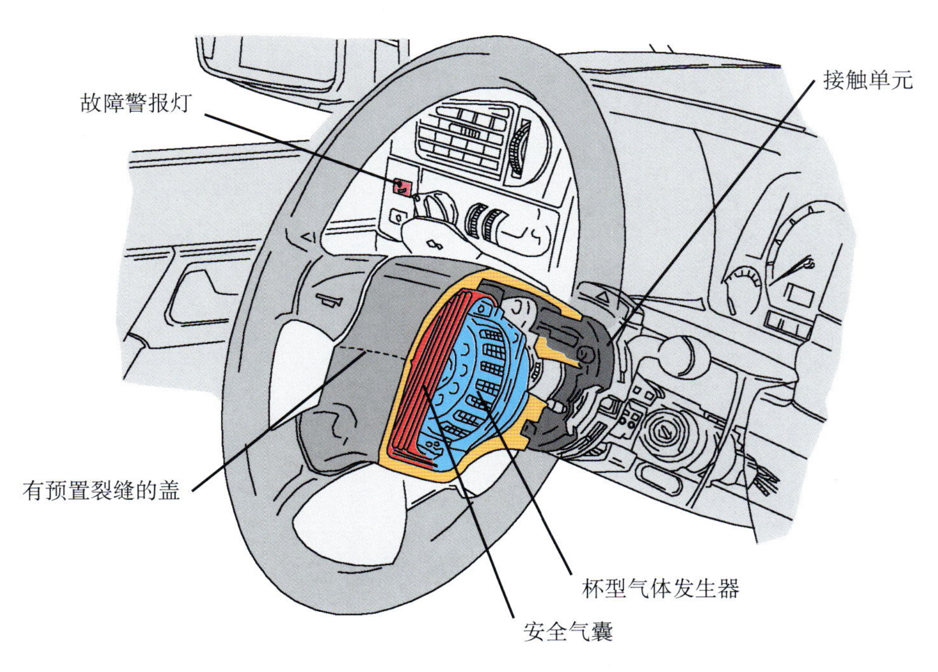

驾驶员安全气囊组件

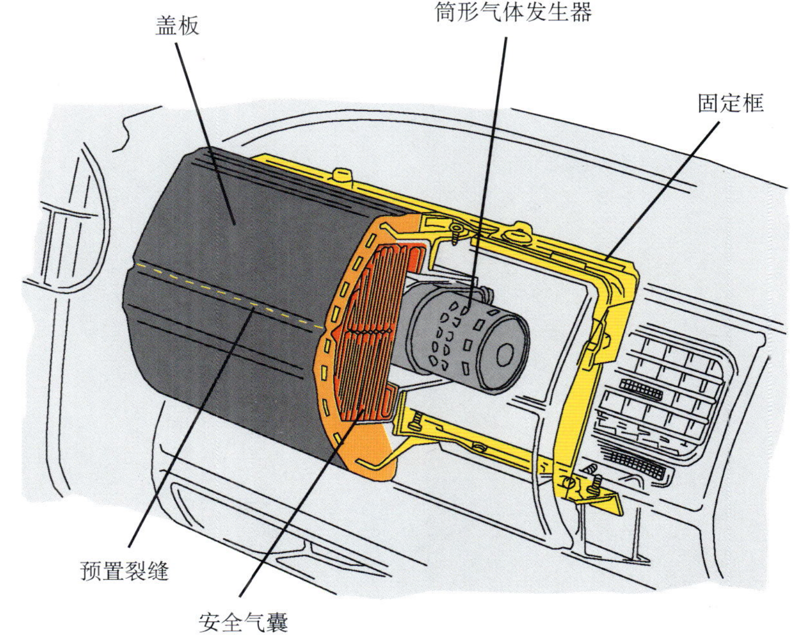

前排乘员安全气囊组件

侧安全气囊图

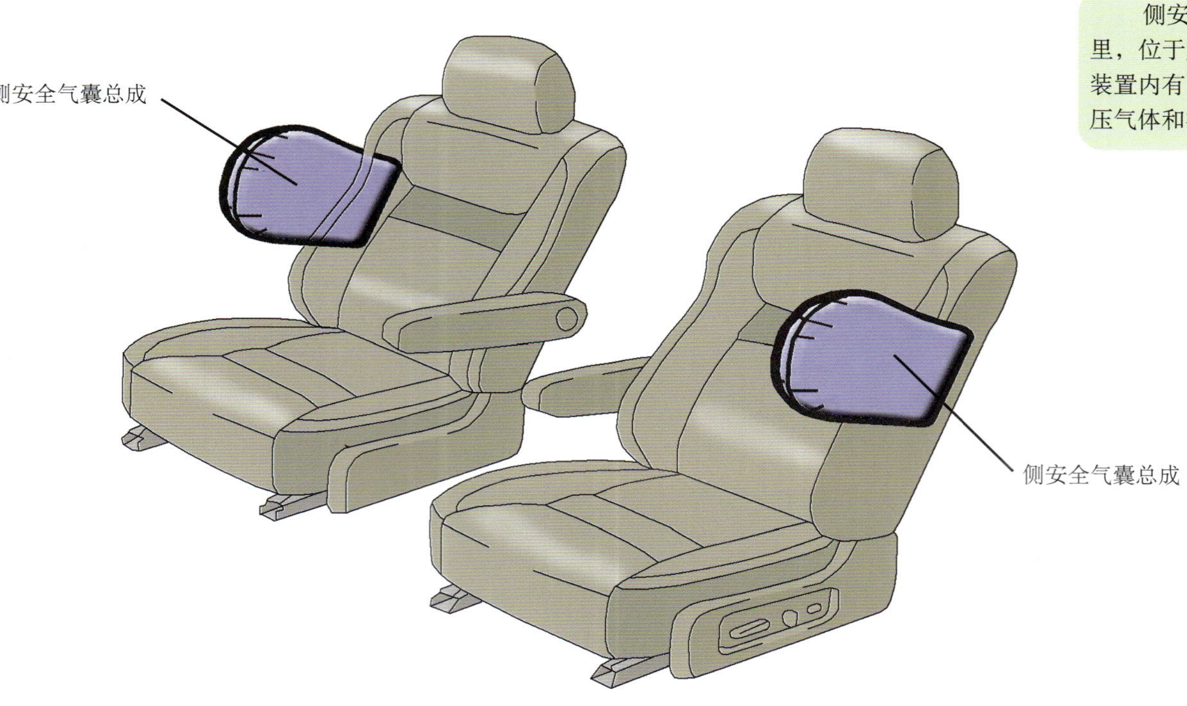

侧安全气囊总成被集成在一个盒子里，位于座椅靠背的外侧。侧安全气囊装置内有引燃器、气体发生剂药柱、高压气体和密封隔框。

帘式安全气囊置于车顶两侧，中度至严重的侧面撞车或翻车时，会自动从车顶张开落下，为驾驶者、前排以及后排两侧的乘客提供保护，避免头部受到撞击，从而减小受伤几率。

正面碰撞条件图

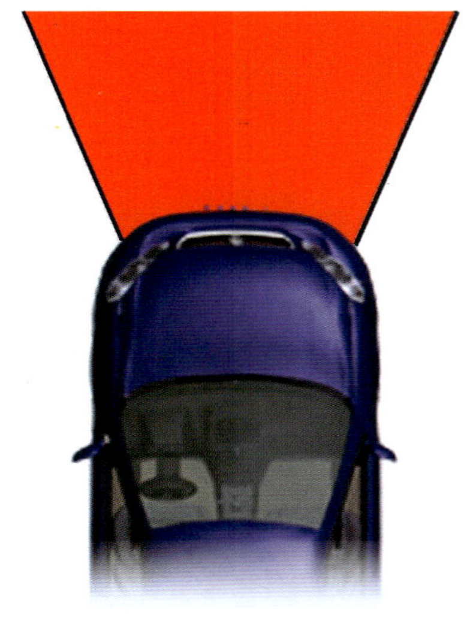

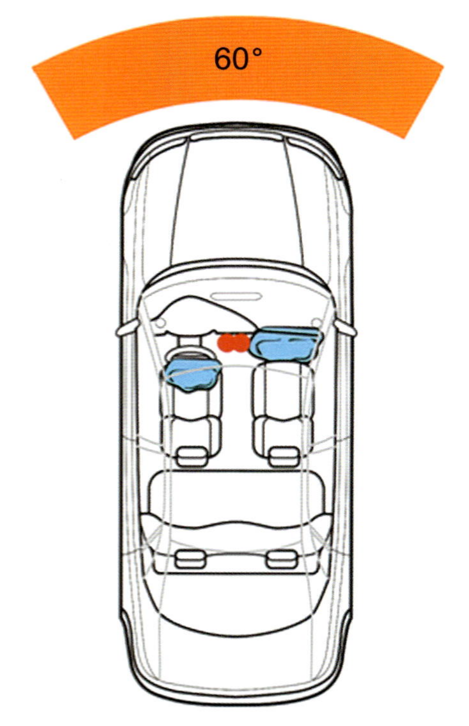

前安全气囊系统对在图中阴影区域内产生的正面撞击能够作出反应。撞击的强度大于门限值时，前安全气囊将展开，此门限值的强度大约相当于以 20～25km/h 的速度与固定障碍物直接撞击的强度。

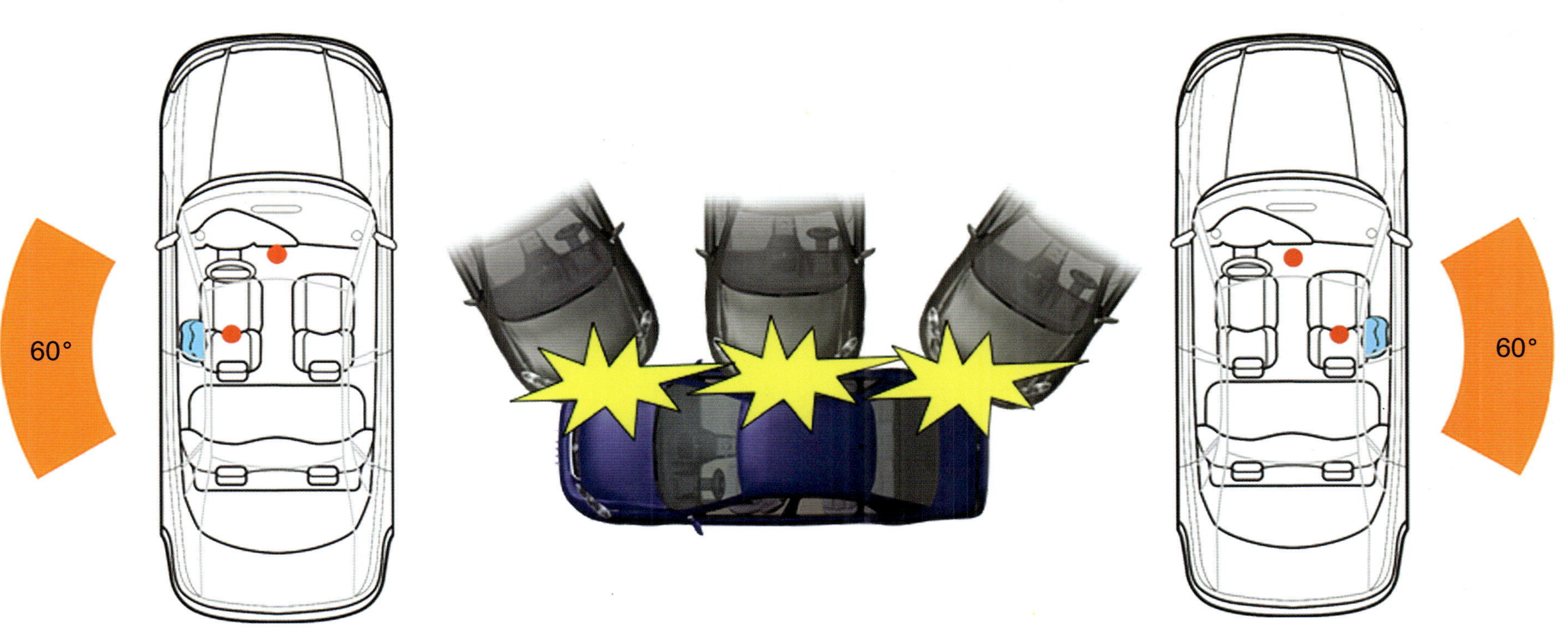

当车辆受到侧面碰撞且达到一定强度时，侧安全气囊和帘式安全气囊能展开。当撞击发生在车辆前面或尾部，或发生翻车、侧面低速碰撞，侧安全气囊和帘式安全气囊不展开。

安全气囊引爆时序图(车速为50km/h)

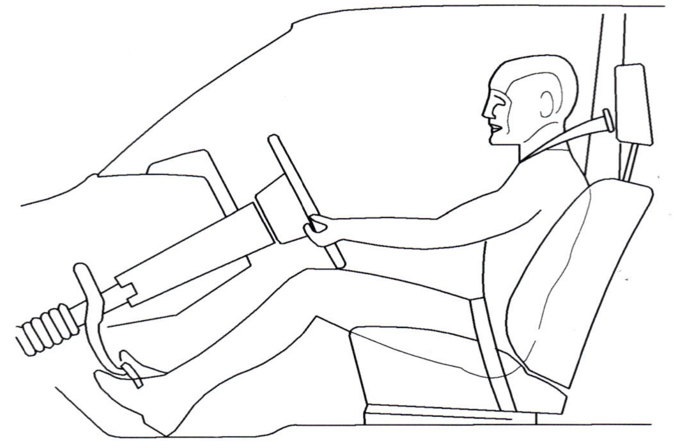

10ms——引爆器点燃转向盘里的气体发生器内的气体发生剂。

40ms——气囊完全膨胀，驾驶员向前移动。

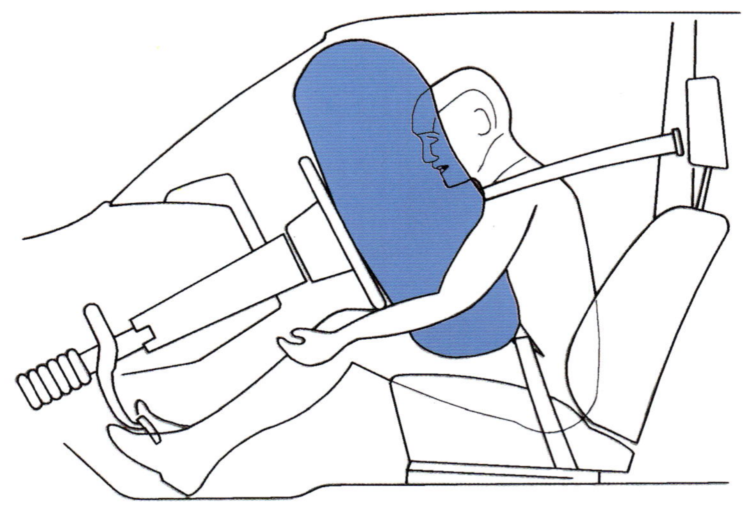

60ms——驾驶员的头部及身体上部沉向气囊，气体开始从气囊后的排气口逸出。

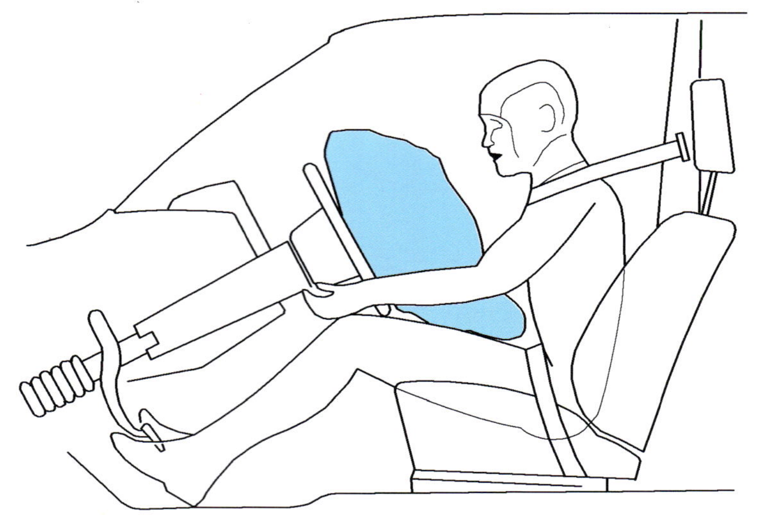

110ms——驾驶员向后回到座椅上，前方视野恢复清晰。

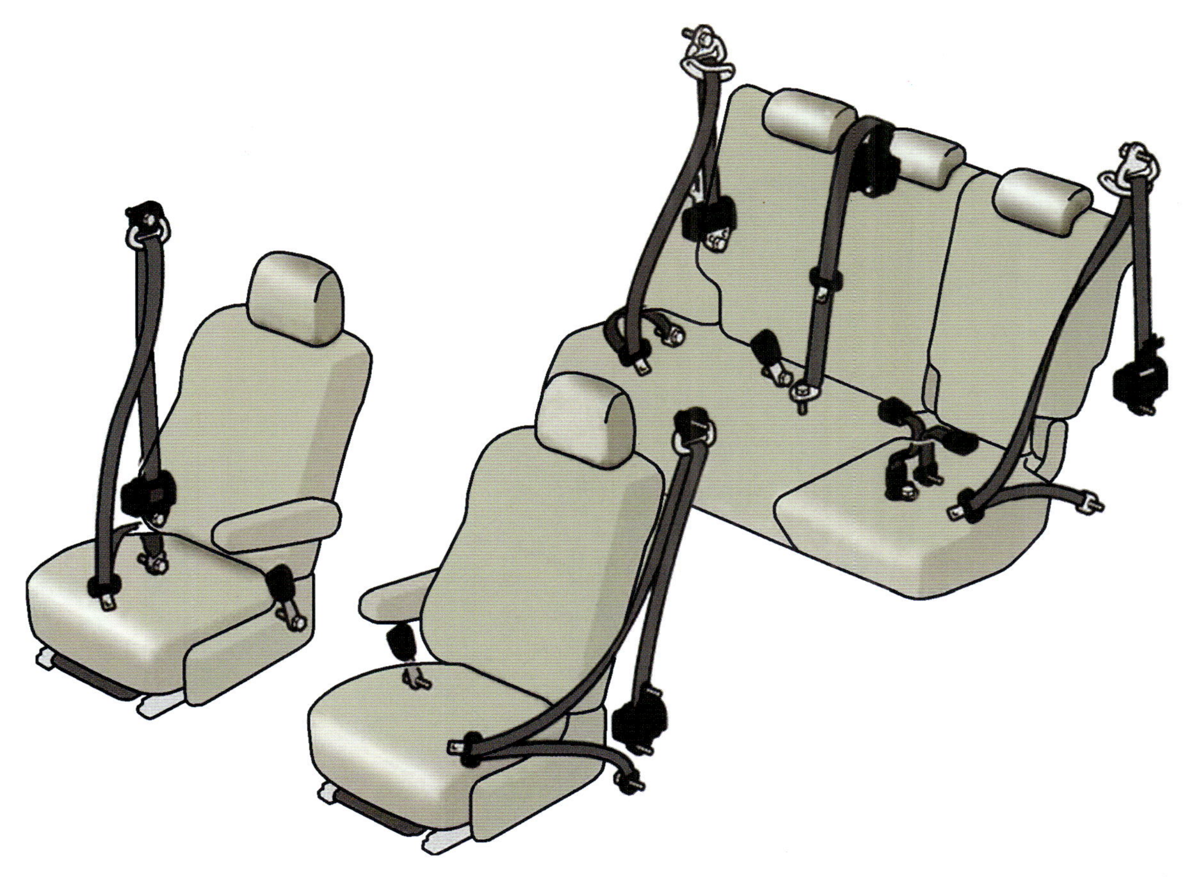

座椅安全带是主要的约束乘员的装置，系好座椅安全带将防止在撞车期间乘员被抛出车外，同时可使座舱内发生二次碰撞造成的损伤最小化。带限幅器的预紧限力式安全带，当发生正面冲撞事故时，既可以提前收紧安全带，提高对乘员的身体束缚效果，同时还可以限制安全带的力量，缓冲对乘员胸部的冲击。

安全带预紧结构图

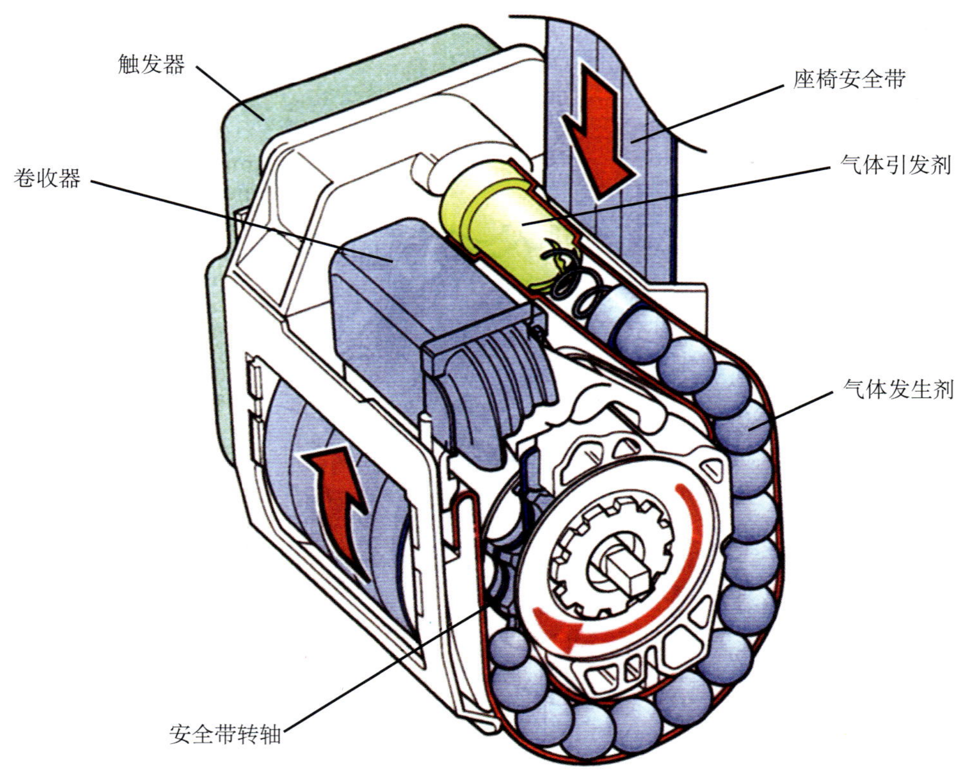

当发生正面冲撞事故时，在预测到来自前方的强大冲击力的瞬间，预张紧装置迅速收紧安全带，从而可以提高对乘员身体的束缚效果。

预紧安全带原理图

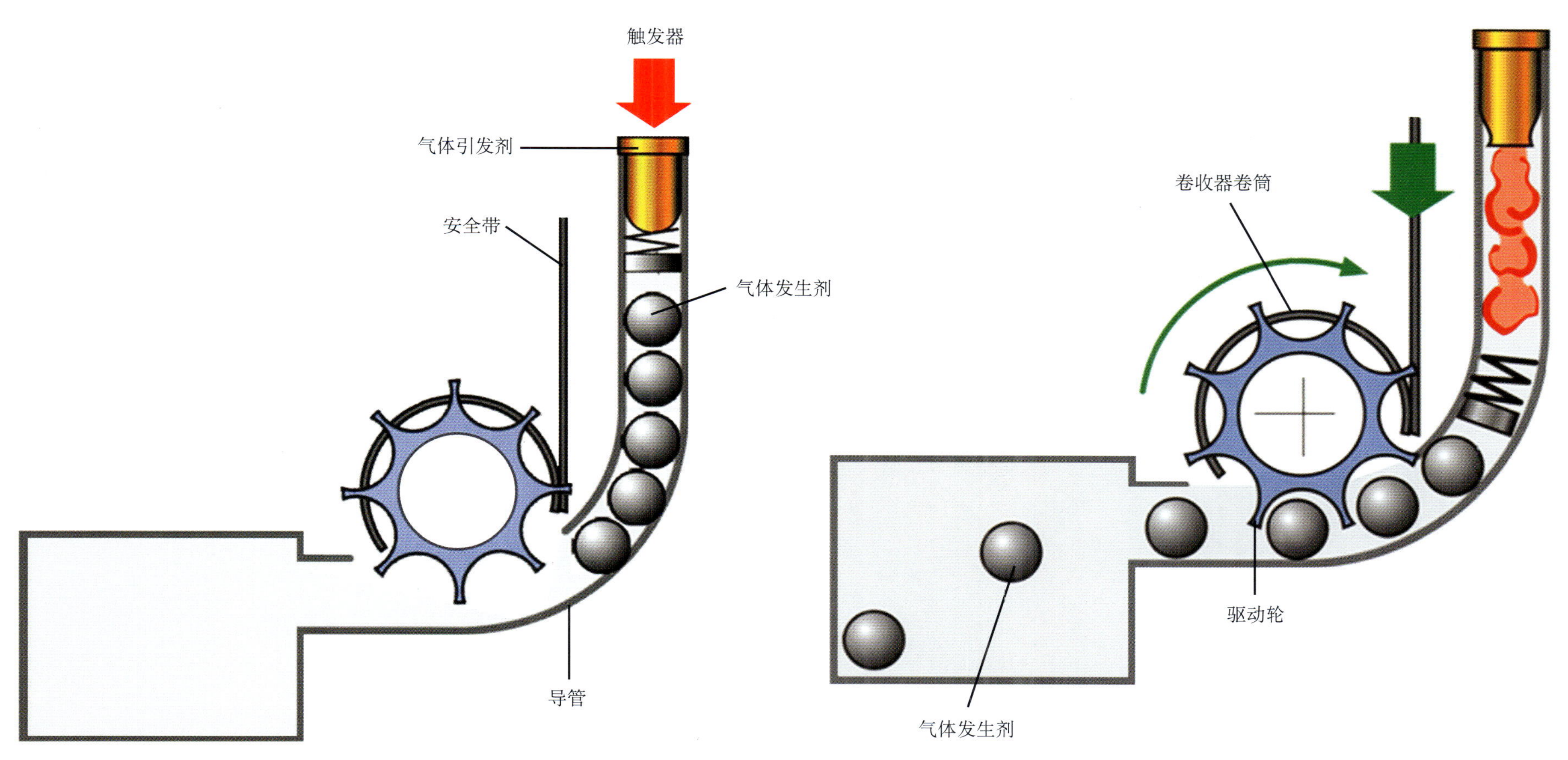

预拉紧装置是一种爆燃式的，由气体引发剂、气体发生剂、导管、安全带和驱动轮组成。当汽车受到碰撞时，预拉紧装置激发，密封导管内底部的气体引发剂立即自燃，引爆同一密封导管内的气体发生剂，产生大量气体，旋转驱动轮使卷收器卷筒转动，织带被卷在卷筒上，固定乘员身体，防止乘员身体前倾以避免与转向盘、仪表板和玻璃窗相碰撞。

安全带拉力限制器图

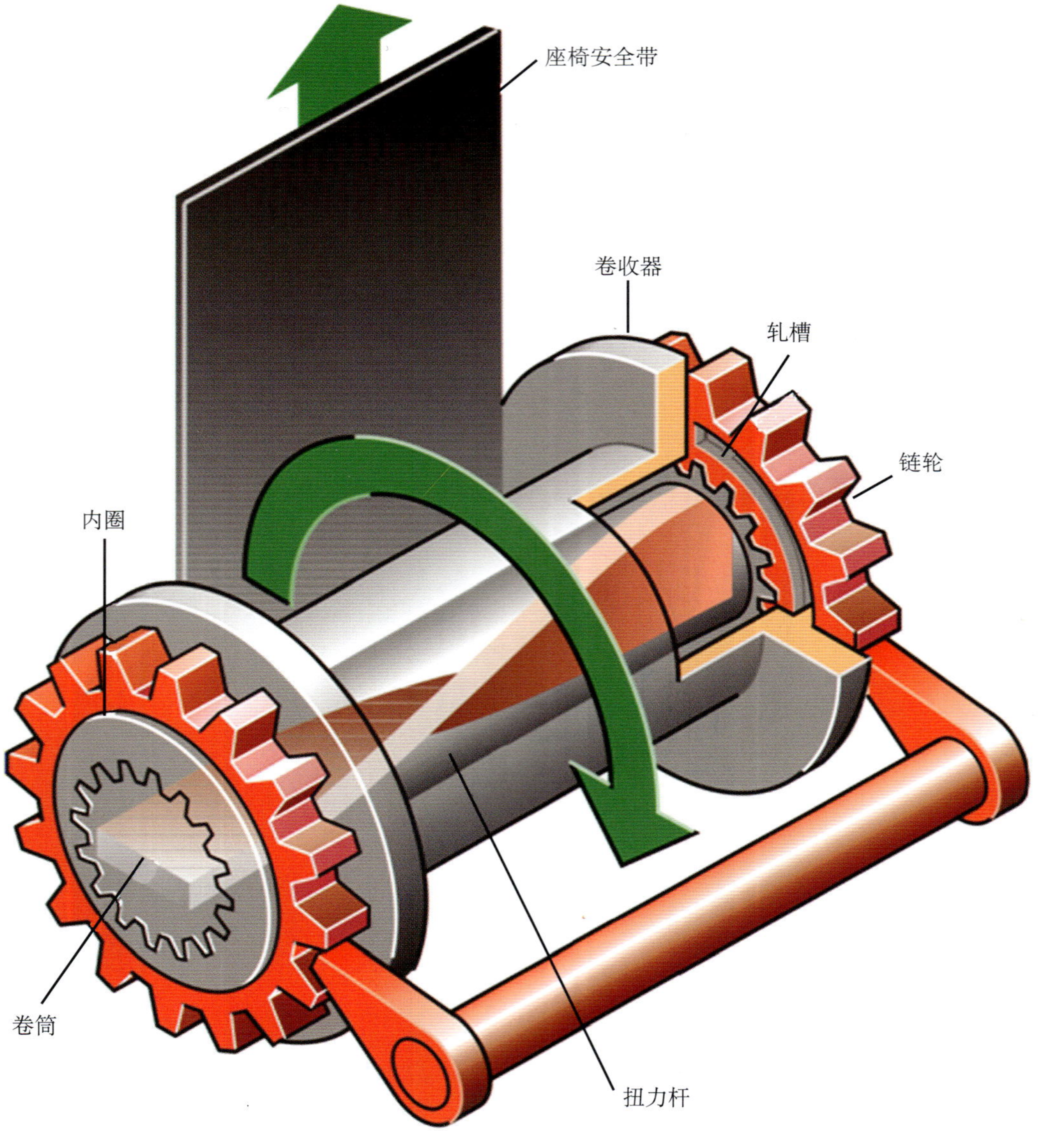

座椅安全带
卷收器
轧槽
链轮
内圈
卷筒
扭力杆

拉力限制器可以将作用于安全带的力限制在一定程度内，以缓解给乘员胸部带来的冲击。

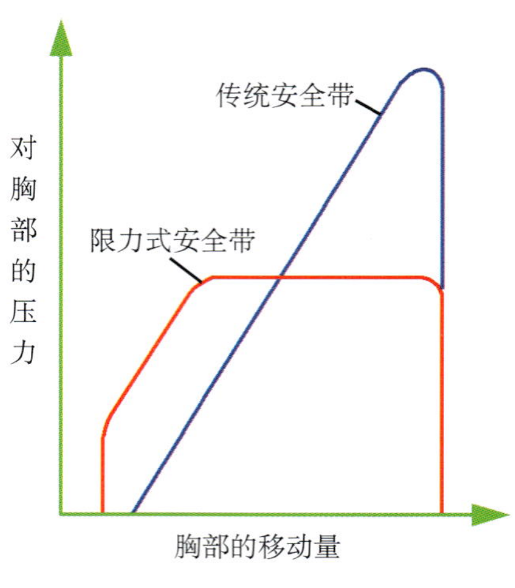

减轻冲击力效果图

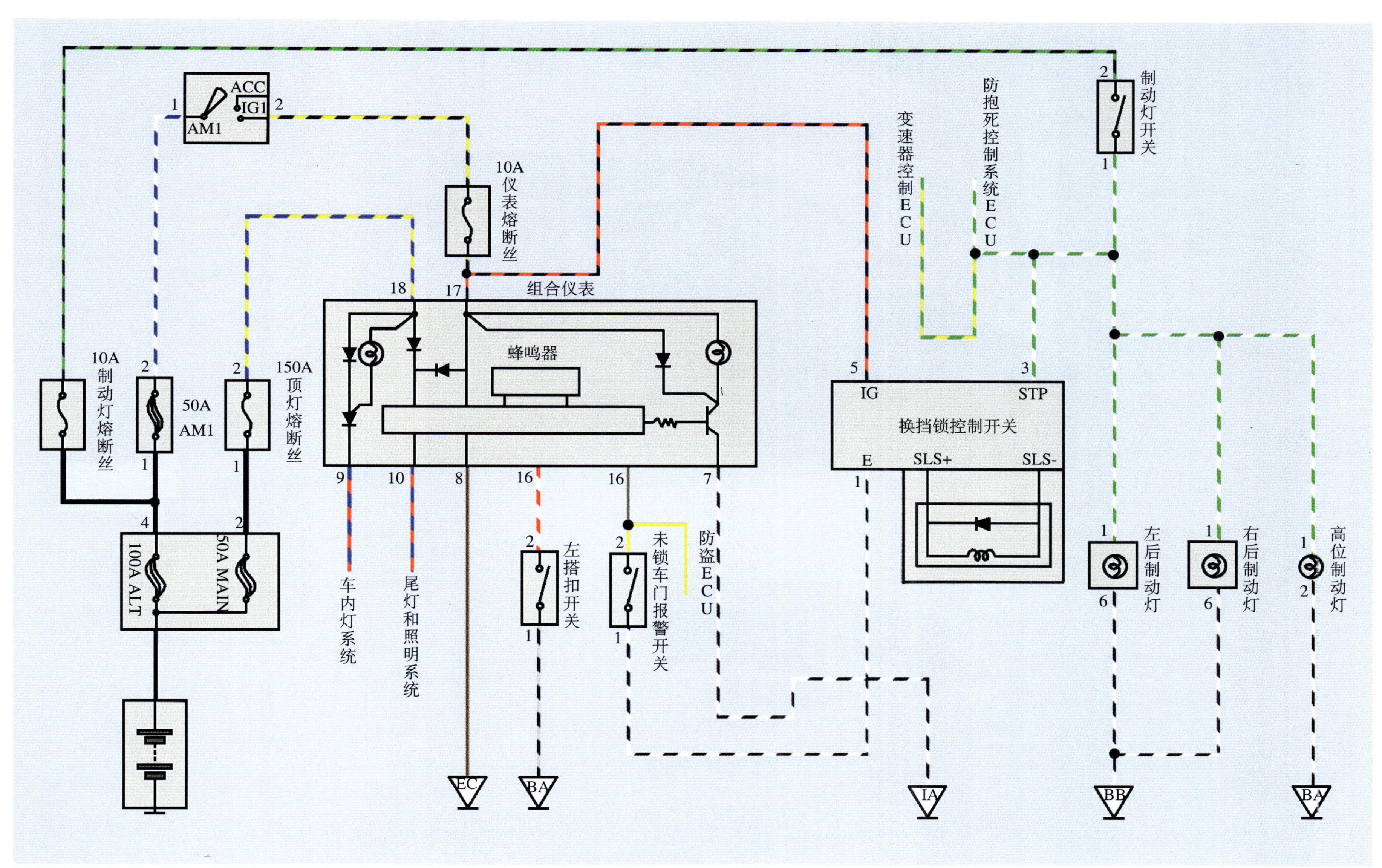
ACC
IG1
AM1
1
2
10A仪表熔断丝
18
17
组合仪表
蜂鸣器
10A制动灯熔断丝
50A AM1
150A顶灯熔断丝
100A ALT
50A MAIN
9
10
8
16
16
7
车内灯系统
尾灯和照明系统
左搭扣开关
未锁车门报警开关
防盗ECU
EC
BA
变速器控制ECU
防抱死控制系统ECU
制动灯开关
5
3
IG
STP
换挡锁控制开关
E
SLS+
SLS-
IA
左后制动灯
右后制动灯
高位制动灯
BB
BA

刮水器系统图

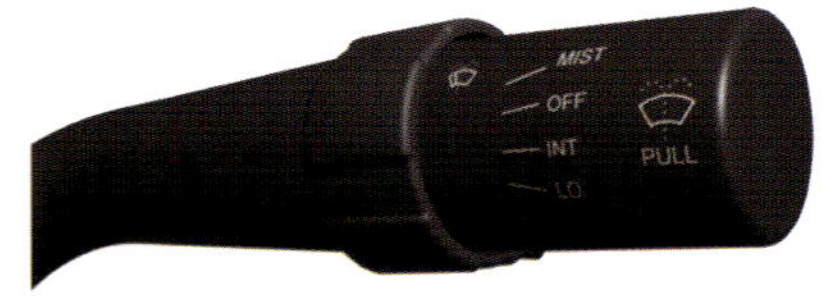

刮水器开关

刮水器总成由电动机、减速器、四连杆机构、刮水臂、刮水片等组成。电动机的转动经蜗轮蜗杆减速增扭后驱动摆臂，带动四连杆机构上的转轴左右摆动，转轴上的刮水片刮扫风窗玻璃。汽车组合开关手柄上有刮水器控制旋钮，设有低速(LO)、高速(HI)、间歇(INT)3 个挡位，进行刮水调速。手柄顶端是洗涤器按键开关，按下开关有洗涤液喷出，配合刮水器洗涤风窗玻璃。

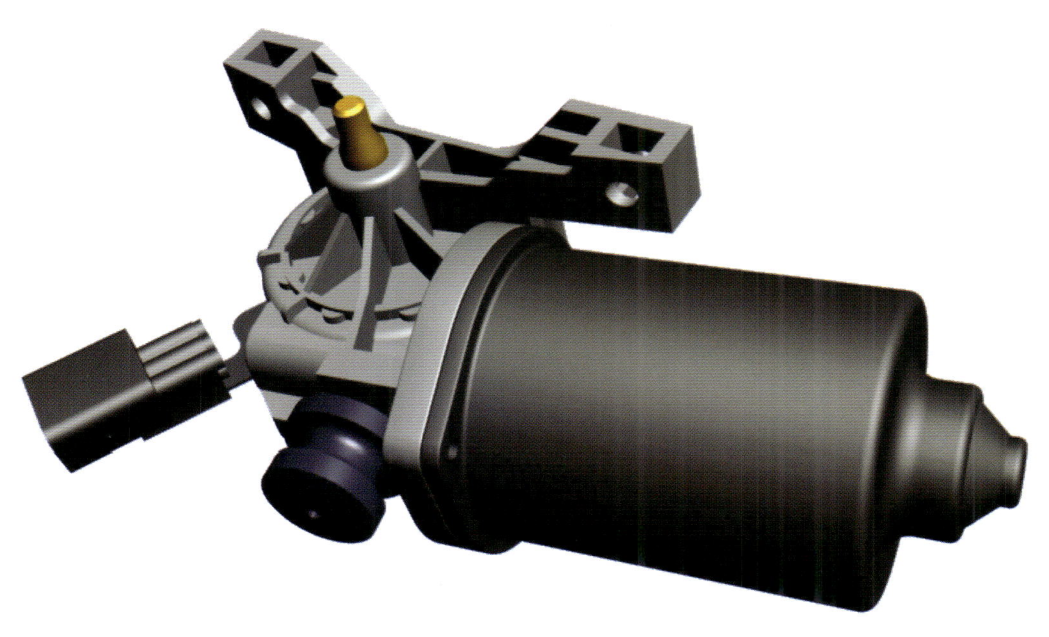

刮水器电动机一般为直流永磁三刷电动机，能改变工作速度，并具有自动复位功能，与蜗轮蜗杆机械部分做成一体。间歇时间由间歇继电器控制，利用电动机的回位开关触点与继电器电阻电容的充放电功能使刮水器按照一定周期刮扫。

刮水片图

刮水片由橡胶材料及支架构成，刃口处贴合风窗玻璃，雨天时，提供较好的擦拭效果，使视野开阔。刮水片有一定使用寿命，一旦出现老化迹象，便会在刮水过程中留下水痕，严重影响驾驶者的视线。

刮水片外形图

良好的刮水片刮水示意图

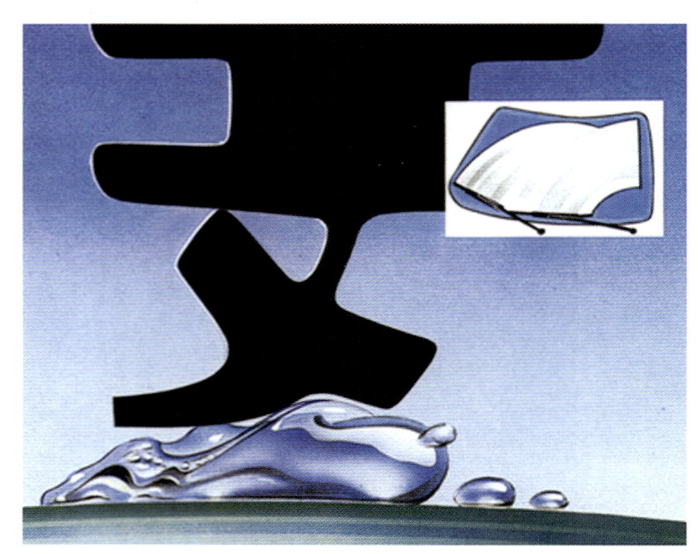

老化的刮水片刮水示意图

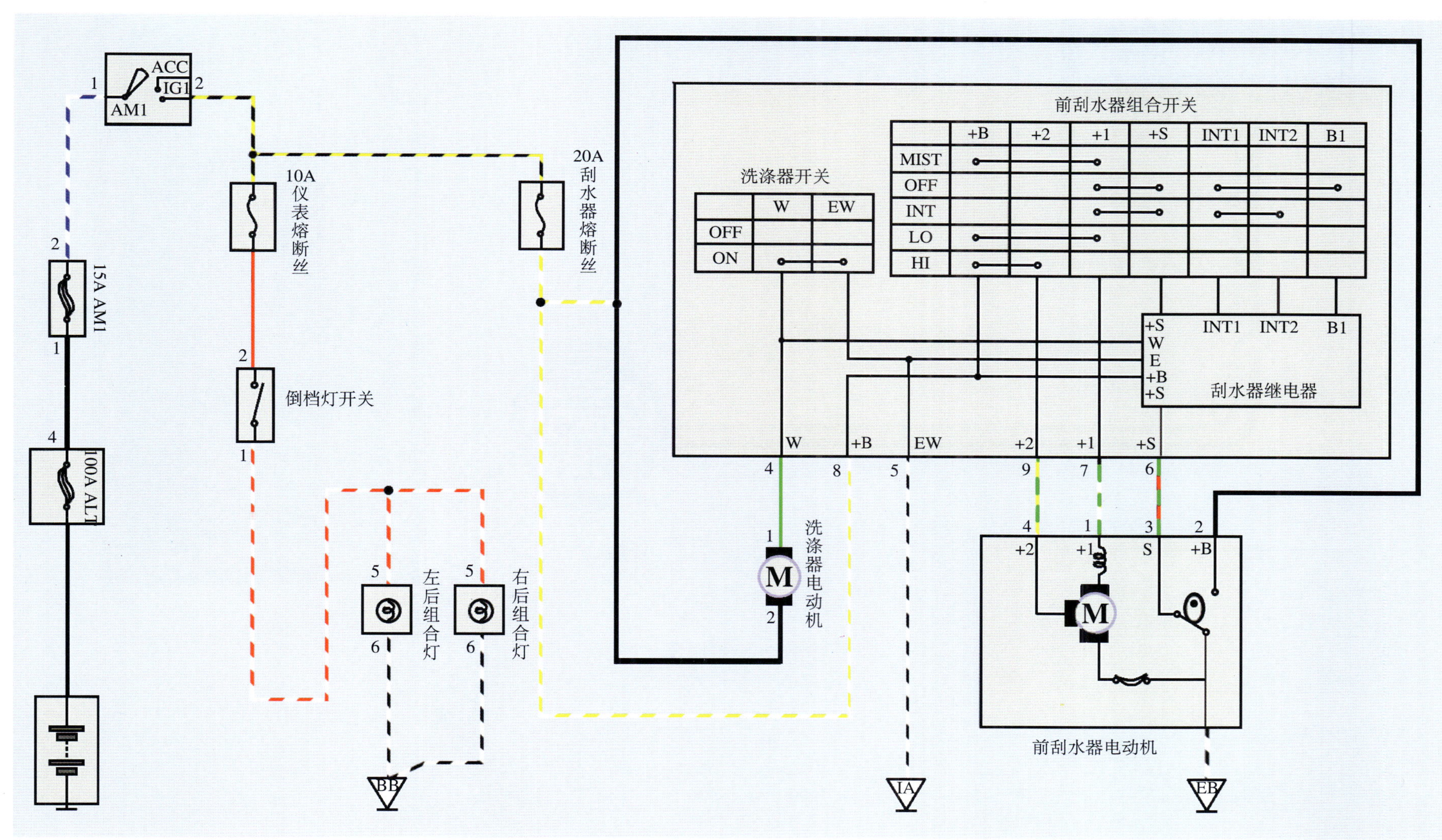

ACC
IG1
AM1
10A 仪表熔断丝
20A 刮水器熔断丝
15A AM1
100A ALT
倒档灯开关
左后组合灯
右后组合灯
洗涤器开关
W
EW
OFF
ON
前刮水器组合开关
+B
+2
+1
+S
INT1
INT2
B1
MIST
OFF
INT
LO
HI
刮水器继电器
E
洗涤器电动机
M
S
前刮水器电动机
BB
IA
EB

前刮水器导线导通性检测图

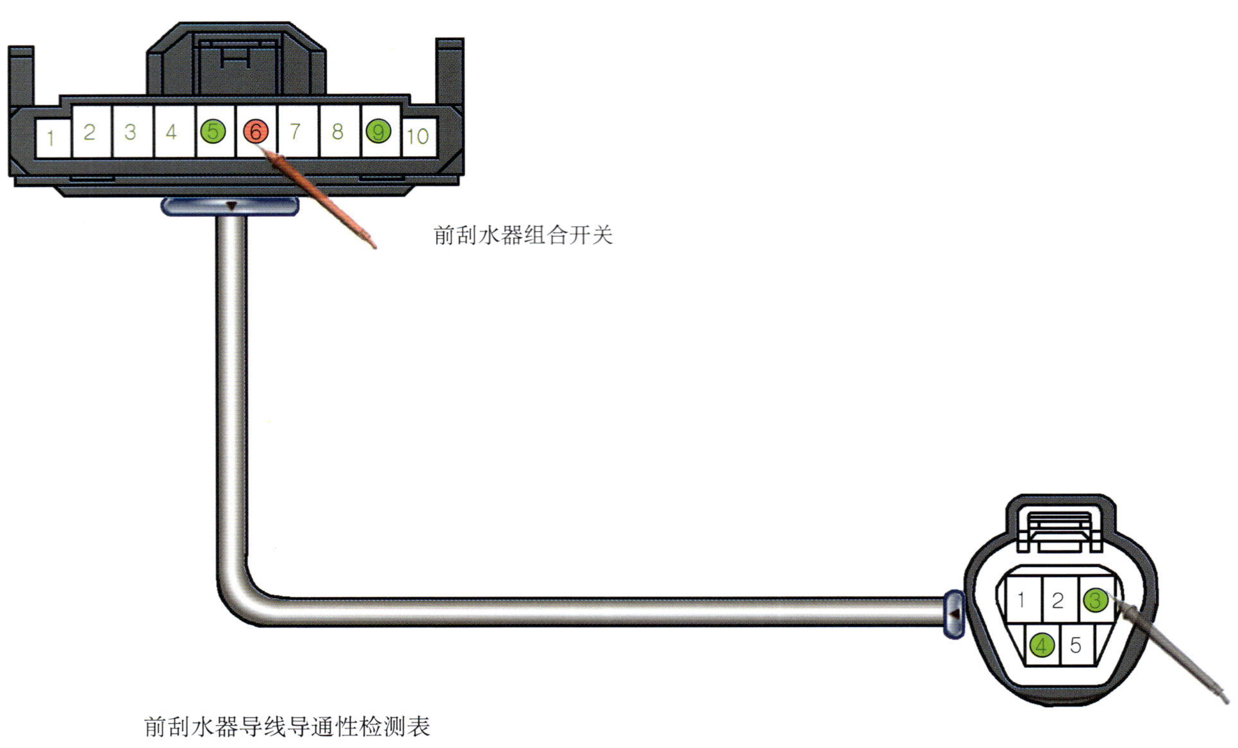

前刮水器导线导通性检测表

接插件名称		端子号
前刮水器组合开关	前刮水器电动机	9 – 4
前刮水器组合开关	前刮水器电动机	7 – 1
前刮水器组合开关	前刮水器电动机	6 – 3
前刮水器组合开关		5 –搭铁
前刮水器组合开关		8 –电源（点火开关ON）
前刮水器电动机		5 –搭铁
前刮水器电动机		2 –电源（点火开关ON）

前刮水器组合开关接插件

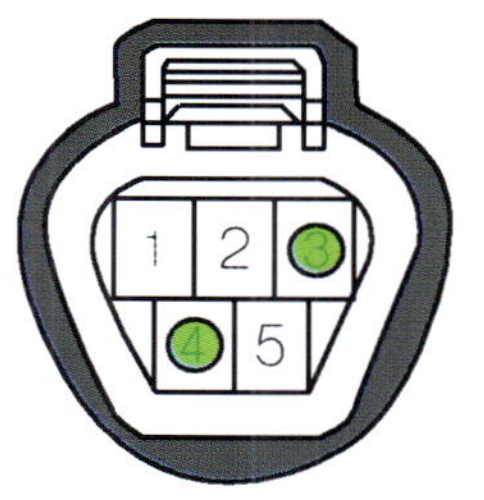

前刮水器电动机接插件

前刮水器组合开关导通性检测表

测试端子	前灯组合开关位置	标注值
12 − 6	OFF	不导通
	TAIL	导通
	HEAD	导通
7 − 10		导通
11 − 10	FLASH	导通
9 − 10	LOW BEAM	导通
11 − 10	HI BEAM	导通
4 − 5	右转向	导通
4 − 3	左转向	导通
1 − 2	前雾灯 ON	导通

前刮水器电动机端子电压和导通性检测表

测试端子	测 试 条 件	标 注 值
7 −搭铁	—	导通
1 −搭铁	点火开关 ON 位置	蓄电池电压
1 −搭铁	点火开关 ON 位置	无电压
4 −搭铁	—	蓄电池电压
2 −搭铁	转向信号开关（右）OFF → ON	0V ↔ 9V（60～120 次 / 分钟）
3 −搭铁	转向信号开关（左）OFF → ON	0V ↔ 9V（60～120 次 / 分钟）
5 −搭铁	转向信号开关（左）OFF → ON	高于 9V → 0V
6 −搭铁	转向信号开关（右）OFF → ON	高于 9V → 0V
8 −搭铁	应急警告开关 OFF → ON	高于 9V → 0V

洗涤器系统图

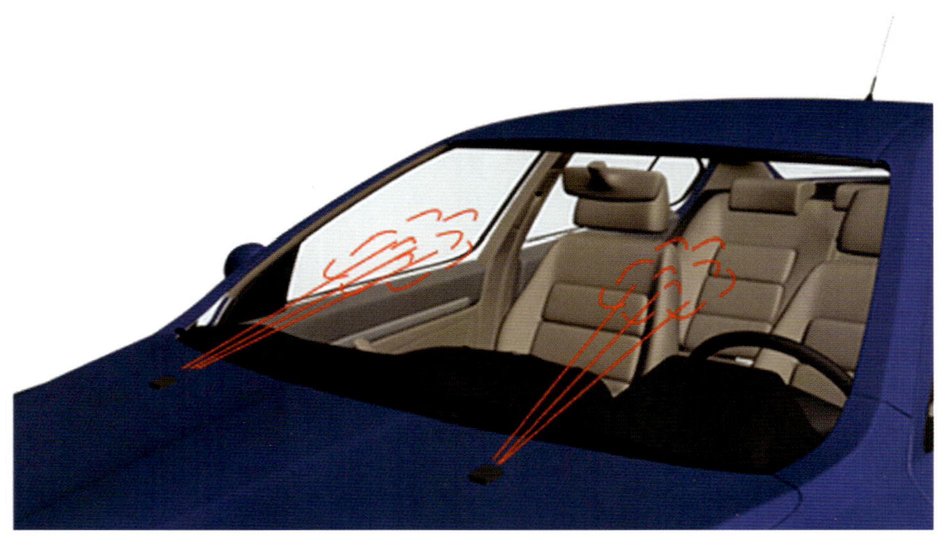

洗涤器能及时消除风窗玻璃上的尘土和污物，使驾驶员有良好的视线，它由储液箱、洗涤泵、软管和喷嘴等组成。当风窗玻璃上有灰尘或污物时，先开动洗涤泵，将洗涤液以一定压力经喷嘴喷到刮水片的上部，湿润玻璃，然后再开动刮水器，将风窗玻璃上的灰尘或污物刮掉。

ECU控制器图

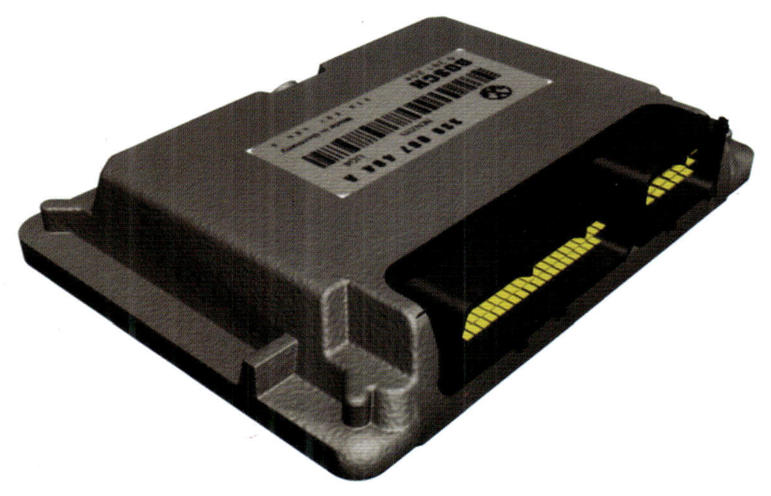

电子控制单元（ECU）由微处理器（CPU）、存储器（ROM、RAM）、输入/输出接口（I/O）、模数转换器（A/D）以及信号整形、驱动等大规模集成电路组成。汽车采用分布控制系统，不仅在发动机上应用ECU，在其他许多地方如防抱死制动系统、电控自动变速器、安全气囊系统、多向可调电控座椅等都配置有各自的ECU。

中央接线盒图

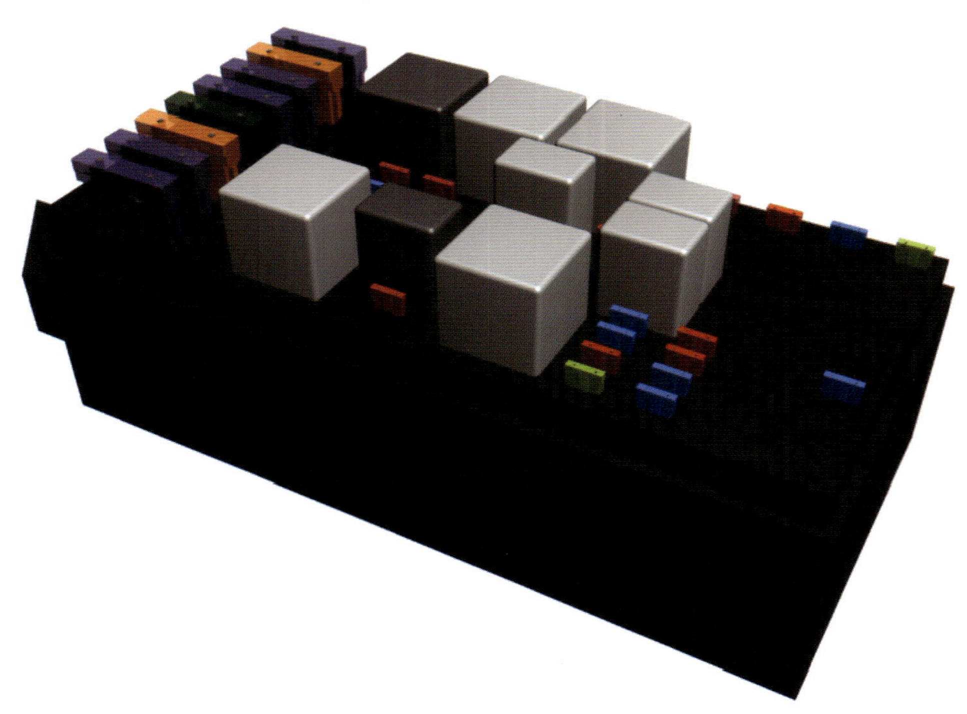

为便于装配和使用过程中排除故障，汽车上各种控制继电器与熔断丝安装在一起，成为一个中央接线盒。正面装有继电器和熔断丝插头，背面是插座，用来与线束的插头相连。

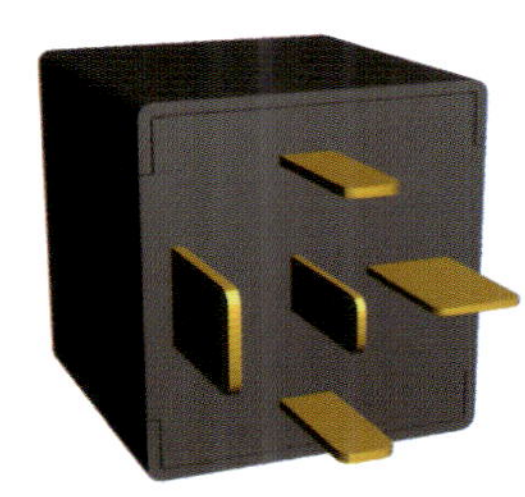

继电器

继电器是汽车上使用最多的电子元器件之一。继电器有两个主要部分：一个是控制系统，另一个是被控制系统。当控制系统中输入信号达到一定值时，能使被控制系统的被控制量由零突变到一定值，或者由一定值突变到零，从而达到控制、保护、传递和转换信息等作用。以小电流控制大电流，是控制继电器的特点。

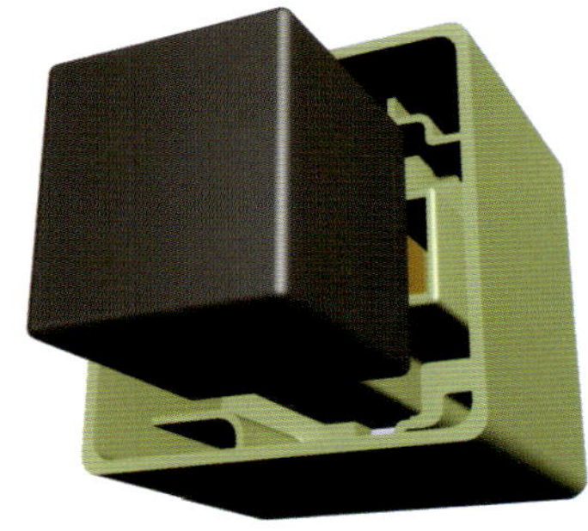

继电器和继电器座

汽车熔断丝与易熔线图

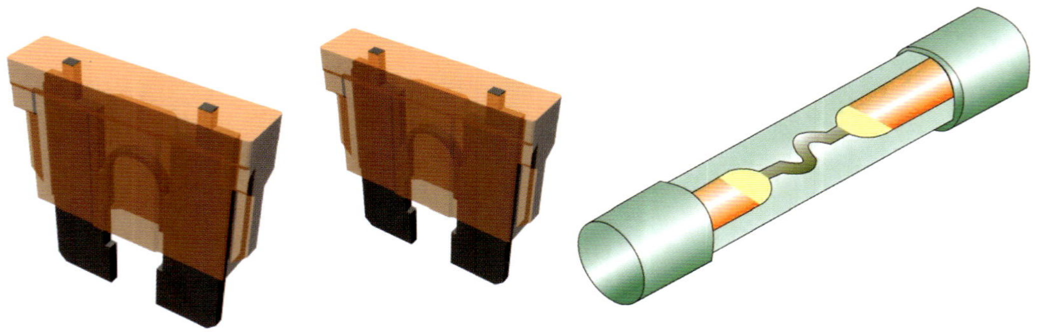

叶片型熔断丝

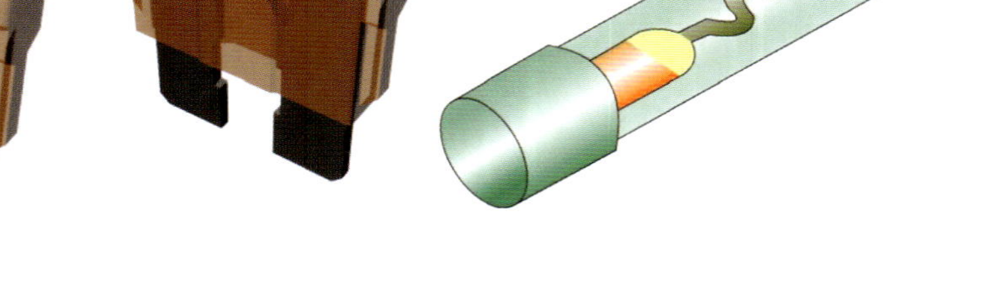

管型熔断丝

管型易熔线

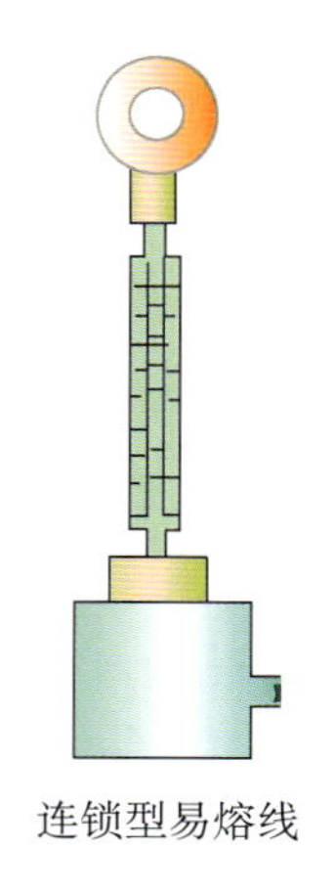

连锁型易熔线

熔断丝安装在易熔线和电器之间。当超过规定值的电流流过单个电器的电路时，熔断丝就会熔断以保护电器。常用的两种类型熔断丝：叶片型和管型。

易熔线安装在电源和有大电流流过的电器之间的线路中。如果由于导线与车身短路而引起电流过大，易熔线就会熔断以保护线束。常用的两种类型易熔线：管型和连锁型。

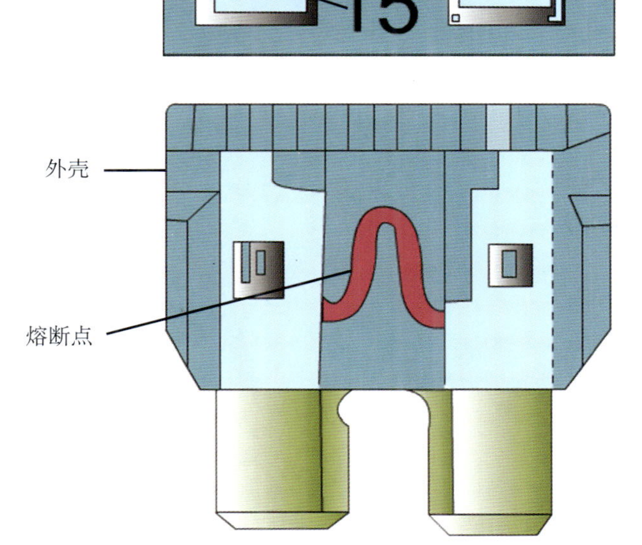

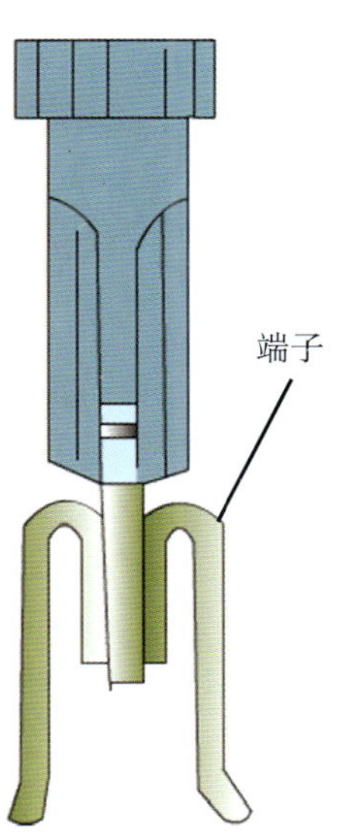

熔断丝的颜色所代表的容量

颜　色	容量(A)
黄褐色	5
褐色	7.5
红色	10
蓝色	15
黄色	20
透明色	25
绿色	30

汽车线束图

汽车线束是汽车电路的网络主体，由导线、端子、接插件和护套组成。整车主线束常以仪表板为核心部分，前后延伸，分成发动机、仪表、照明、空调、辅助电器等部分，有主线束及分支线束。

线束上各端头都会打上标志数字和字母，以标明导线的连接对象，电线的颜色分为单色线和双色线，颜色的用途也有规定。

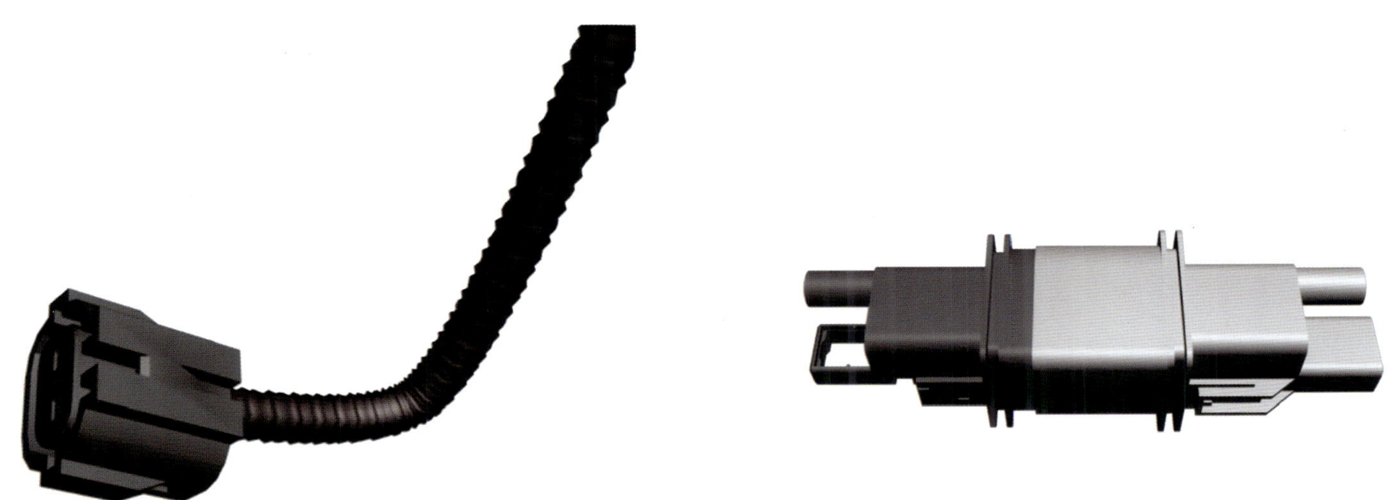

线路间的连接采用接插件，为了保证接插件的可靠连接，其上都有一次锁紧、二次锁紧装置，极孔内都有对端子的限位和止退装置。为了避免装配和安装中出现差错，汽车上的接插件还制成不同规格型号、不同颜色。

端子图

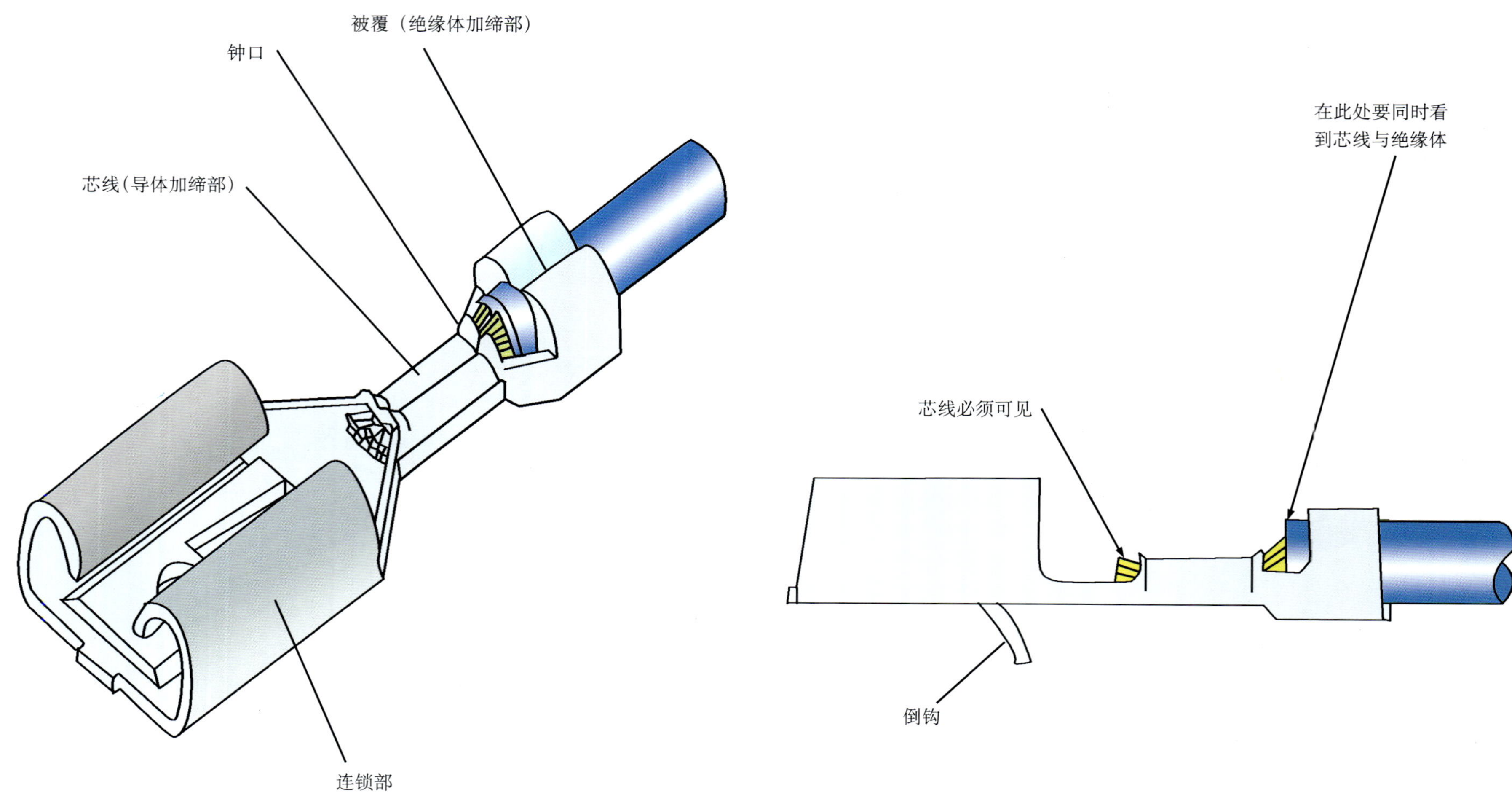

端子是一种五金部件，一般由黄铜、紫铜、铝材料制成，分阴端子、阳端子、环形端子、圆端子等，一般采用压接、焊接或熔接的方式与导线连接。